KB188331

조나단 에드워즈

조나단 에드워즈

지은이 송삼용
펴낸이 안용백
펴낸곳 (주)도서출판 넥서스

초판 1쇄 인쇄 2009년 9월 15일
초판 1쇄 발행 2009년 9월 25일

출판신고 1992년 4월 3일 제311-2002-2호
121-840 서울시 마포구 서교동 394-2
Tel (02)330-5500 Fax (02)330-5555

ISBN 978-89-6000-592-1 03230
      978-89-6000-585-3 (세트)

www.nexusbook.com
넥서스CROSS는 (주)도서출판 넥서스의 기독 브랜드입니다.

Jonathan Edwards

균형 잡힌 영성의 사람

조나단 에드워즈

송삼용 지음

넥서스CROSS

머리말

한 시대의 역사는 더 위대한 새 역사를 창조하는 발판이 된다. 각 시대마다 불꽃처럼 살다간 믿음의 거장들은 후대 젊은이들의 심장을 태운 불쏘시개가 되어왔다.

일례로, 18세기 부흥의 대가 조지 휘트필드의 심장을 불태웠던 불씨는 헨리 스쿠걸의《인간의 영혼 안에 있는 하나님의 생명》이었다. 근대 선교의 아버지 윌리엄 캐리의 가슴에 불을 지폈던 동력은《데이비드 브레이너드의 생애와 일기》였다. 그리고 중국 선교의 개척자 허드슨 테일러의 믿음 선교에 영향을 끼쳤던 사람은 조지 뮬러였다. 거장이 또 다른 거장을 낳은 셈이다.

역사를 빛낸 거장들의 생애를 탐구하면서 내내 마음 한편에 새겨둔 소망이 있었다. 시대를 빛낸 믿음의 거장들을 통해 또 다른 거장들이 배출되기를 소원하는 간절한 바람이었다. 거장들의 삶을 조명한 이유가 바로 그것이었다. 이 땅에도 하나님의 영예를 드높이는 위대한 거장들이 배출되기를 바라는 소망, 그리고 거장들의 숭고한 신앙과 삶에 도전받아 하나님의 손에 붙들린 바 된 또 다른 거장들이 구름 떼처럼 일어나기를 바라는 소망, 그것이 바로《믿음의 거장 시리즈》의 집필 목적이다.

역사는 변함이 없다! 역사를 다스리시는 하나님의 방법에도 변함이 없으시다. 그러기에 나는 여기에 소개한 거장들이 분명 우리 시대의 또 다른 거장들을 낳는 원동력이 되리라고 믿는다.

부족하지만 나는 그 일을 위해 쉼 없이 기도할 것이다.

《믿음의 거장 시리즈》에 소개된 거장들을 만나는 사람마다 심장에 뜨거운 불길이 타오르도록 간구하며, 그런 도전으로 인해 하나님의 이름과 교회를 빛낼 또 다른 거장들이 세워지도록 기도할 것이다.

찬란한 광채가 빛나는 거장들의 태양 같은 삶과 영성에 비하면 나는 금방 시들어버릴 듯한 반딧불같이 나약한 사람에 불과하다. 그럼에도 불구하고 값진 탐구의 대열에 서게 되어 몸둘 바를 모르겠다. 더욱이 거장들의 삶을 조명하는 일은 역사적 안목과 통찰력이 요구되는 전문적인 일인데도 일천한 지식으로 위대한 거장들의 생애를 탐구하게 되어 부끄러울 뿐이다.

벌레같이 보잘것없는 비천한 죄인에게 귀한 사역을 맡

겨주신 하나님께 감사드리며, 모든 영광을 하나님께 돌려드린다. 하나님의 이름과 교회의 유익을 위해 《믿음의 거장 시리즈》를 기획·편집한 넥서스크로스 편집부 직원들의 노고에 심심한 사의謝意를 표한다.

거장들이 준 감동과 도전, 그리고 하늘의 비전을 모든 독자와 함께 나누고 싶다.

송삼용

차례

Jonathan Edwards

✎ 생애 개관

조나단 에드워즈는 하나님의 능력에 사로잡혀서 신학을 집대성한 미국 최고의 신학자였다. 사도시대 이후 어느 곳에서도 볼 수 없었던 노샘프턴의 부흥을 주도한 대부흥사였으며, 교회에서 추방되는 불행한 사건이 있기는 했지만 참 목회의 진면목을 보여준 성공적인 목회자이기도 했다. 그는 완전한 순종의 삶을 위해 정성을 다하여 거룩을 열망한 진정한 성도의 모델이었다. 분명 그는 하나님께서 그분의 나라와 교회를 위하여 특별하게 세우신 비범한 사람이었다.

조나단 에드워즈는 어거스틴과 칼뱅 이후 가장 걸출한 인물로 평가받아왔다. 다니엘 웹스트는 에드워즈의 저작을 두고 "인간 지성의 가장 위대한 업적"이라고 극찬했다. 마틴 로이드 존스도 "영국 청교도를 알프스 산맥으로, 칼뱅을 히말라야 산맥으로 표현한다면, 에드워즈는 에베레스트 산에 비유하고 싶다"고 할 정도였다. 그만큼 에드워즈는 신학과 목회, 부흥과 영성, 그리고 지성의 세계에 이르기까지 심오한 경지에 이르렀던 인물이었다.

칼뱅이나 오웬처럼 에드워즈 역시 하나님의 주권과 영광에 사로잡힌 사람이었다. 특히 그는 평생 성경을 가까이 하면서 칼뱅 신학을 계승, 발전시켜나갔다. 또한 그는 청교도의 작품을 손에서 놓지 않았으며, 청교도 저서를 읽고 그들의 사상을 이어가는 일에 정진함으로써 스스로 '청교도의 후예'임을 입증하여 보여주었다. 기독교 역사에서 크게 영향을 끼쳤던 여러 인물들의 다음과 같은 어록을 통해 그의 위대함이 어느 정도였는지 짐작할 수 있다.

"조나단 에드워즈는 일찍이 미국이 낳은 가장 심오한 사고를 지닌 사람이며, 가장 경건한 사람이다"(사무엘 다비스, 1759). "그는 사도시대 이후에 사람들이 보았던 가장 거룩하고 겸손한 사람이었으며, 놀라울 정도로 하나님의 마음을 소유한 사람이었다"(뉴저지 대학 학장 아쉬벨 그린,

1822). "조나단 에드워즈는 탁월하고 뛰어나며, 위대한 사람이다"(존 웨슬리, 1831). "성자요, 철학자요, 부흥사요, 신학자인 조나단 에드워즈는 미국 지성 세계에서 가장 위대한 인물 중의 한 사람이었다"(벤저민 워필드, 1932). "조나단 에드워즈는 평범한 사람들 중에서 가장 위대하고, 가장 현명하고, 가장 겸손하며 가장 거룩한 사람이었다"(제임스 컬로스, 1897).

조나단 에드워즈는 1703년 10월 5일 미국 코네티컷에서 티머시 에드워즈와 에스더 스토더드 사이의 외아들로 태어났다. 부모님 모두 청교도 가문 출신이어서 그는 어려서부터 청교도 신앙을 훈련받고 자라는 특권을 누렸다. 아버지 티머시는 한 교회에서 63년간 목회하며 성령의 역사를 여러 차례 체험한 영성 있는 목회자였다. 자녀 교육에 남다른 관심을 가졌던 아버지의 영향으로, 에드워즈는 6살 때부터 가정에서 고전을 비롯한 기초 학습을 시작했고,

11살 때는 거미에 관한 에세이를 써서 많은 사람에게 자신의 천재성을 입증해 보였다. 13살 때에는 예일 대학교에 입학하여 청교도 개혁주의 신학과 신앙을 철저하게 훈련받았다.

1720년 9월, 그는 최우수 성적으로 대학을 졸업했고, 이듬해에 디모데전서 1장 17절을 읽다가 회심을 체험했다. 그의 회심은 하나님의 절대 주권에 의해 일어난 말씀과 성령의 체험이었고, 후일 그의 영적 생활, 목회, 신학 연구, 그리고 저술 활동에 이르기까지 큰 영향을 끼쳤다. 특히 회심후에 자신의 삶을 전적으로 하나님께 드리기로 다짐하면서 쓴 70개의 결심문은 후대에 길이 남을 만한 경건 생활의 표본이 되었다.

1722년 8월, 예일 대학교에서 석사과정을 공부하던 중에 뉴욕의 한 장로교회에서 설교자로 청빙받아 2년간 사역했다. 1723년 9월에 석사 학위를 취득한 후 1724년 6월부터는 예일 대학교에서 강사로서 2년간 학자의 길을 걸었다. 1726년 9월에는 예일의 강사직을 사임하고, 1727년 2월 15일, 24살의 나이에 목사로 임직받았고, 그 후 6월 28일 사라 피에르폰트와 결혼했다. 그들은 행복한 결혼생활을 하면서 11명의 자녀를 낳아 철저한 청교도 신앙으로 키웠다.

1729년 2월 22일에는 외할아버지가 50년 동안 시무하던 노샘프턴 교회의 담임목사로 부임했고, 1731년에는 보스턴으로부터 대중 집회 설교자로 초대받을 정도로 매사추세츠에서 가장 유력한 목회자가 되었다. 그해 12월부터 성령이 역사하기 시작하여 3년여 동안 꾸준히 영적 각성이 일어났다. 1734년에는 알미니안주의 논쟁으로 인하여 구원에 대한 성경적 교리와 청교도 사상을 전파하는 중에 성령의 역사가 뜨겁게 일어났다. 그러다가 1735년 봄, 성령의 임재로 노샘프턴 온 마을에 영적 불길이 뜨겁게 타올랐다. 그런 현상은 이전에 볼 수 없었던 놀라운 일이었고, 대부분의 마을 사람이 복음의 능력으로 변화되었다.

노샘프턴에서 일어난 부흥 소식은 1736년 11월 6일, 에드워즈가 〈놀라운 회심 이야기〉란 제목으로 작성한 영적 대각성 보고서에 의해서 미국과 유럽에 알려지게 되었다. 그 부흥 현장을 목격한 사람들은, 노샘프턴의 역사는 1세기 이후 어느 곳에서도 볼 수 없었던 경이적인 역사라고 평가했다. 1739년에는 잉글랜드를 복음으로 불태웠던 조지 휘트필드가 뉴잉글랜드를 방문해서 부흥의 불길을 지핌으로써 2차 대각성 운동에 불을 댕겼다. 한동안 시들했던 노샘프턴에서도 또다시 부흥의 불길이 타오르면서 대각성 운동이 일어났다. 하지만 1742년부터 그 불길이 식었고, 그해 말부터 부흥운동은 쇠퇴기에 들어갔다.

아쉽게도 1744년부터 에드워즈의 목회에 어려움이 닥쳐왔다. 불륜 사건에 연루된 교회 청년들을 조사하던 중 부모들이 반발하여 17년간 유지되었던 성도와의 신뢰 관계에 금이 가고 말았다. 그 후 성찬 참여 자격에 관한 신학적인 문제까지 겹쳐서 에드워즈의 반대자들이 담임목사 신임 투표를 강행했다. 결국 230 대 23이라는 압도적인 표 차이로 추방이 결정되었고, 에드워즈는 23년 4개월간 시무했던 교회를 떠나게 되었다. 1750년 7월 1일 에드워즈는 정들었던 교회를 떠나면서, 교인들에 의해 목회자가 추방될지라도 장차 그리스도의 심판대 앞, 엄위하신 그분 앞에서는 목회자와 교인들이 함께 설 것이라는 유명한 고별 설교를 남겼다.

노샘프턴을 떠난 후 에드워즈는 11명의 자녀들을 이끌고 1년여 동안 극심한 어려움을 겪다가 1751년 8월에 스톡브리지에 있는 인디언 목양지에 청빙을 받았다. 그곳에서 6년 동안 목회하면서, 자신의 양 떼로부터 배신당한 인간적인 비애를 연구와 저술로 승화시켜 역사적으로 길이 남을 만한 탁월한 저서들을 남겼다. 《자유의지의 주요한 개념들에 대한 조심스럽고 면밀한 연구》와 《원죄에 관한 위대한 기독교 교리 방어》같은 작품들은 타의 추종을 불허하는 저작들로 평가받고 있다.

그 후 1758년 2월 16일, 프린스턴 대학교 총장에 취임했지만 1개월 만에 천연두 예방주사를 맞고 심한 열에 시달렸다. 불행하게도 에드워즈는 더 이상 일어나지 못했고, 3월 22일 55세의 일기로 그토록 사모하던 하나님의 영광을 보면서 영원한 안식의 나라로 들어갔다.

1장

◇

영성에 관심이 많았던 모범생

Jonathan Edwards

코네티컷 천재 탄생

조나단 에드워즈Jonathan Edwards는 1703년 10월 5일 미국 코네티컷에서 태어났다. 그의 아버지 티머시 에드워즈 Timothy Edwards는 일찍이 우수한 성적으로 하버드 대학교를 졸업한 후 이스트윈저 회중교회 초대 담임목사로 시무한 신실한 목회자였다. 티머시는 1694년 11월 6일 노샘프턴에서 유명한 목회자였던 솔로몬 스토더드의 딸 에스더 스토더드와 결혼하여 11명의 자녀를 낳았다. 외아들이었던 조나단(이하 에드워즈로 칭함)은 4명의 누이와 6명의 여동생 사이에서 사랑을 듬뿍 받고 자랐다.

어렸을 때부터 가정에서 받았던 풍성한 사랑이 에드워즈의 마음속에 평생 불타올랐던 '하나님 사랑의 초석'이 된 듯하다. 에드워즈는《참된 신앙의 본질》에서, 참된 신앙은 지성화되고 개념화되는 위험으로부터 벗어나 뜨거운 사랑, 열정, 기쁨, 소망, 감사 그리고 만족할 만한 감정이 깃들어야 한다고 주장했다. 이는 자신이 어렸을 때부터 맛보았던 사랑의 감정에서 비롯된 것으로 보인다. 이처럼 가정에서 받았던 넘치는 사랑과 철저한 청교도 신앙은 그의 전생애에 큰 영향을 끼쳤다.

에드워즈의 부모는 둘 다 순수한 신앙을 지키기 위해서 '뉴잉글랜드'를 건설하고자 영국을 떠나온 청교도 가문 출신이었다. 그런 청교도 집안에서 태어난 에드워즈는 어렸을 때부터 매일 성경을 묵상하고 은밀하게 기도하며 하나님의 영광을 위하여 살아야 한다는 것을 배웠다. 그런 신앙적 환경에서 자란 에드워즈에게 평생 뜨겁게 타오른 '거룩에 대한 열망'은 자연스럽게 형성된 삶의 일부라고 할 수 있다. 완벽할 정도의 '순종'과 탁월한 '영성' 역시 어릴 때부터 차곡차곡 쌓아온 신앙의 금자탑이었다.

티머시는 이스트윈저 교회에서 63년 동안 목회하는 중에 여러 차례 영적 체험을 한 적이 있었다. 훗날 에드워즈는 아버지의 영적 체험에 대해서 다음과 같은 글을 남겼다.

존경하는 아버지의 교구에서는 과거 몇 차례 영적 각성의 은총이 일어났다. 노샘프턴을 제외한 뉴잉글랜드 서부 지역의 어느 교회에서보다 더 자주 일어났다. 아버지가 그곳에서 목회를 시작한 뒤로는 다섯 차례 성령이 사람들에게 부어졌다.

그런 성령의 역사를 체험한 아버지 티머시에 의해 에드워즈 역시 큰 영향을 받았을 것이다. 에드워즈가 어린 시절부터 아버지로부터 받았던 영적인 영향은 생애 동안 내내 그의 가슴속에 새겨졌음에 틀림없다. 그로 인하여 에드워즈는 어린 시절부터 영적인 일에 관심을 갖기 시작했다. 그는 자신의 어린 시절에 대해 나중에 다음과 같이 회고했다.

나는 어린 시절부터 나의 영혼을 위한 일에 많은 관심을 가졌으며 또 실천하기도 했다. 나에게 새로운 성품과 신앙에 대한 새로운 의미를 갖도록 해주었던 변화를 겪기 전에 더욱 주목할 만한 두 번의 각성 시기가 있었다. 첫 번

째는 아버지께서 목회하셨던 회중 가운데서 일어났던 각
성으로, 뉴헤이번에 있는 예일 대학교에 입학하기 몇 년
전 소년 시절에 목격했다. 그때 수개월 동안 매우 큰 감동
을 받았으며, 내 신앙의 상태와 구원을 염려하였다. 그리
고 예배에 빠지지 않고 열심히 참석하였다.

어렸을 때 교회에서 일어난 일들을 직접 목격한 것은 장
차 에드워즈의 영적 생활에도 큰 영향을 끼쳤다. 1716년,
13살이 되던 해에 에드워즈는 누나에게 보낸 편지에서, 자
신이 직접 본 영적 현상들에 대해 다음과 같이 표현한 바
있다.

하나님의 놀라운 은혜와 선하심으로 말미암아 이곳에 하
나님의 영이 대단할 정도로 쏟아 부어졌어. 지금도 계속
되고 있지만 약간은 감소되었다고 생각해. 그렇다고 심각
할 정도는 아니야. 매주 월요일에는 30명 이상이나 자신
의 영적 상태에 대해 상담하기 위해서 찾아오고 있어.

비록 나이는 어렸지만 그 무렵 에드워즈의 관심이 무엇이었는지 보여주는 의미심장한 대목이다. 그는 어린 시절부터 경험한 자신의 영적 생활에 대해 이렇게 술회했다.

나는 하루에 다섯 번씩 사람들이 모르게 은밀히 기도했다. 그리고 다른 아이들과 신앙적인 이야기를 나누면서 많은 시간을 보냈다. 기도의 장소를 마련하기 위해 그들과 함께 외딴곳에 오두막을 짓기도 했다. 그 외에도 숲 속에서 나 혼자 은밀하게 기도할 수 있는 장소를 만들어 그곳에서 늘 규칙적으로 은둔하곤 했다. 종종 마음이 무척 뜨거워졌다. 활력이 솟고 마음이 감동되기도 했다.

이런 식의 영적 체험이 어린 시절부터 종종 있었지만 그런 감동과 확신은 곧 사라져버렸다. 때로는 죄의 길로 들어서기도 했다. 하지만 그런 과정들을 통해서 에드워즈는 장차 미국 최고 신학자의 자리로 나아갈 준비를 갖추고 있었다.

한편, 이스트윈저는 막 발전하는 신흥 개발지역이어서 아직 학교가 없었다. 따라서 티머시는 자녀들을 가정에서 교육했다. 종종 주변에 있는 대학생들을 불러 가정 교육을 시키기도 했다. 하버드의 우등생이었고, 영성과 지성을 겸비한 청교도 목회자였던 티머시는 성경과 개혁 신앙에 충실했으며, 헬라어와 고전 라틴어까지도 탁월했다. 게다가 그는 시에 취미를 가졌던 감성적인 사람이었고, 자연을 연구하는 것을 즐기기도 했다.

그런 아버지 밑에서 자란 외아들 에드워즈는 6살 때 아버지에게 라틴어를 배웠다. 어려서부터 뛰어난 두뇌를 소유했던 에드워즈는 차근차근 고전을 익혀나갔고 13살 무렵에는 라틴어, 헬라어, 히브리어를 혼자 읽을 수 있는 실력까지 갖추게 되었다. 어렸을 때부터 아버지와 가정교사로부터 받았던 철저한 교육은 심오한 지적 활동의 예비 단계로, 에드워즈는 그 교육을 통해 학자로서의 자질을 체계적으로 훈련받았다. 자연을 사랑하는 아버지의 영향이었던지 에드워즈 역시 자연에 대한 관심이 지대했고, 탐구 정신도 비범했다. 훗날 에드워즈는 자신의 어린 시절을 다음과 같이 회상했다.

나는 어렸을 때부터 친구들과 노는 것이 조금도 즐겁지 않았다. 나의 정신은 진지하게 배우고 탐구하고자 하는 열망으로 가득 차 있었다.

그런 탐구 정신으로 11살 무렵에는 거미에 관해 3천 단어짜리 에세이를 써서 많은 사람을 놀라게 했으니 에드워즈의 천재성은 어렸을 때부터 입증된 셈이다. 당시 거미 연구로 다른 사람의 추종을 불허할 만큼 뛰어난 권위자였던 맥코믹 교수가 "에드워즈가 나를 160년이나 앞질렀다"고 탄복하며 통탄했다는 일화도 있다.

대학 시절의 영적 투쟁

1716년 9월 에드워즈는 13살의 나이로 예일 대학교에 입학했다. 당시 하버드 대학교는 자유주의로 기울어지는 상태였고, 예일 대학교는 청교도의 유산을 보존하려는 목적으로 세워진 신설대학교였다. 그런 이유 때문에 예일의 설립자는 대부분 개혁주의 신학자들이었다. 에드워즈는 예일에서 4년간 라틴어, 히브리어, 헬라어를 수준 있게 다루는 법을 익혔고, 논리학, 자연과학, 수학, 철학 등을 공부했다. 캠퍼스에서는, 어렸을 때부터 아버지에게서 배운 대로 항상 연필을 들고 메모하는 공부 습관을 훈련받았다. 그런 탐구 자세로 노트를 가지고 다니면서 참고 자료를 기록하는 습관을 들였고, 평생 그 습관을 유지했다.

대학 생활 이후에 영적 생활도 크게 향상되었다. 모든 학생은 전통적인 청교도 개혁주의 신학을 추구하는 대학 당

국의 방침에 따라 웨스트민스터 교리문답을 반드시 암기
해야 했다. 당시 학생들이 필수적으로 지켜야 했던 규칙을
일부 소개하면 다음과 같다.

모든 학생은 매일 스스로 성경을 읽음으로써 자신을 다
듬어서 그리스도의 말씀이 그 안에 풍성히 머물도록 해
야 한다. … 모든 학생은 하나님의 거룩한 이름, 속성, 말씀
과 성찬, 그리고 거룩한 안식일을 모독해서는 안 되며, 예
배를 위한 모든 공식 집회에 참석하도록 주의를 기울여야
한다. … 모든 학부생은 교과 과정에 들어 있는 설교문들
을 홀에서 공개적으로 암송해야 하며, … 안식일 저녁 기
도회에서 항상 검사를 받아야 한다.

하지만 에드워즈의 대학 생활은 평탄하지만은 않았다.
뜻하지 않은 건강 문제가 캠퍼스 생활을 위협했던 것이다.
그는 한동안 늑막염으로 고통을 겪었다. 그럼에도 불구하
고 시간을 아껴가면서 최선을 다해 공부했다. 아버지에게

보낸 다음의 편지는 대학 시절 그의 성실성을 보여준다.

커틀러 씨에게 이미 내년에 필요한 책들을 잘 부탁해두
었습니다. 그는 내년이 오기 전에 《알스테드의 기하학》과
《가센더스의 천문학》을 구해주겠다고 하더군요. 그리고
디바이더 한 쌍과 수학용 컴퍼스, 그리고 자 하나를 아버
지께 부탁드립니다. 그것들은 수학 공부에 꼭 필요한 것
들입니다. 《사고의 기술》도 다른 어떤 필수품보다 필요한
책입니다. 그것 또한 부탁드립니다.

대학 시절 내내 에드워즈는 주어진 과제들을 소홀히 하
는 법이 없었다. 학습에 필요한 도구들까지 꼼꼼하게 챙길
정도로 성실했던 그는 1720년 9월, 최우수 성적으로 졸업
했다. 졸업 후에는 목회 사역을 준비하기 위해 학교에 머무
르면서 석사 학위 과정에 들어갔다. 그 기간 동안에 에드워
즈가 평생 추구하게 될 지적인 지평이 크게 확장되었다. 존
로크의 철학에 심취하여 '인간 오성론'을 좋아했으며, 뉴

턴의 자연과학도 깊이 있게 탐독했다. 그 결과 탁월한 과학적 식견도 갖게 되었다.

이를테면, '자연과학에 관한 노트' 안에는 원자의 정의, 원자의 구성, 중력, 척력과 인력, 빛, 색, 행성, 유성, 나무의 성장 등에 대한 글까지 빽빽하게 써놓았다. 특히 '목록'이라는 제목을 단 공책에는 자신이 이미 읽었거나 읽고 싶은 책 목록을 690권이나 써놓았으니 그의 독서력이 어느 정도였는지 짐작이 간다. 게다가 자신이 좋아하는 청교도들, 곧 윌리엄 퍼킨스, 리처드 십스, 토머스 맨턴, 존 플레벨, 존 오웬, 스티븐 차녹 같은 이름들도 빽빽하게 기록해놓았다. 칼뱅의 저작에 대해서는 "성경을 제외하고 세상의 어떤 책들보다 훌륭한 책"이라고 할 정도로 극찬하기도 했다.

에드워즈는 대학과 대학원 과정을 거치는 동안 이렇듯 지적인 성장을 위해서 집중했다. 하지만 그는 영적인 면에 더 큰 관심을 보였고, 대학 시절 내내 경건하게 살려고 온 힘을 다해 노력했다. 그럼에도 불구하고 끊임없이 자신을 유혹하는 죄의 세력 때문에 고민했다. 종교의 규칙을 준수

하고 말씀대로 살려고 해도 내적인 투쟁은 그치지 않았다. 청년기를 보내면서 영적인 몸부림이 계속되었다. 참된 구원을 갈망하는 에드워즈의 노력은 필사적이었다.

2장

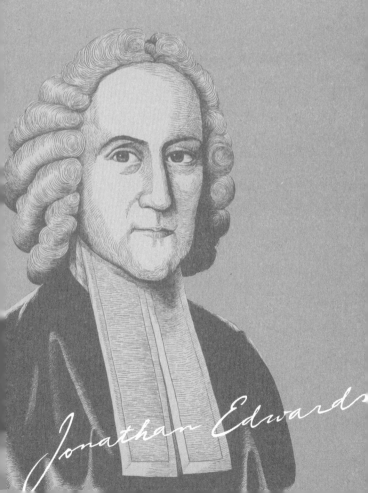

하나님과의 생생한 만남

Jonathan Edwards

하나님의 주권적인 은혜, 회심

에드워즈는 이 무렵에 회심을 체험했다. 회심은 이후 그의 체험 신앙 및 열정 신학의 기초를 튼튼하게 해주었다. 특히 회심 가운데 있었던 말씀의 체험은 남은 생애 동안 그의 가슴을 불태운 열정 신앙의 원동력이 되었다. 말씀을 읽는 중에 그의 영혼 속으로 스며든 새로운 깨달음, 곧 회심 사건은 그가 세워놓은 부흥신학의 밑거름이 되기도 했다.

이렇듯 에드워즈의 회심 체험은 그의 신학과 신앙의 뼈대와 같다. 회심을 통해 참 신앙에 이르렀고, 회심 이후부터 비로소 하나님과의 깊은 교통이 시작되었기 때문이다. 그가 회심하지 않았다면 살아 계신 하나님을 만나지 못했을 것이며, 하나님의 영광과 빛을 체험하지도 못했을 것이다. 따라서 에드워즈의 신학과 신앙 형성에 있어서 견인차 역할을 한 회심 체험의 동기를 살펴보려고 한다.

에드워즈는 회심을 체험하기 전 대학 시절부터 구원에 대한 열망이 남달랐다. 그것은 어렸을 때부터 몸에 밴 경건한 습관에서 나온 듯하다. 물론 그가 회심을 체험한 후 고백한 바에 의하면, 어릴 때 경험했던 신앙적 감동으로는 참된 영적 상태에 이르지 못했다. 하지만 남달리 구원의 문제와 영적인 문제에 깊은 관심을 가졌던 삶의 태도는 회심 이후의 전 삶에 큰 영향을 미친 듯하다. 특히 대학원에 진학한 후 구원의 문제에 대해서 더 깊은 관심을 갖게 된 몇 가지 간접적인 동기가 있었던 것으로 보인다.

첫 번째 동기는 갑자기 몰아닥친 건강상의 이유를 들 수 있다. 대학 생활 후반에 악화된 늑막염으로 인하여 에드워즈는 구원의 문제에 대해 깊은 관심을 갖게 되었다. 그는 당시의 상황을 다음과 같이 회고했다.

특별히 나의 대학 생활 후반 2년 동안은 하나님을 기쁘시게 해드릴 수 있었다. 하나님은 나를 늑막염으로 붙잡으셨다. 거의 죽음에 가까운 지경으로 끌고 가셔서 지옥의 구덩이로 나를 떨어뜨리셨다. … 과거에는 전혀 찾아볼 수 없었던 자세로 구원을 얻으려고 몸부림쳤다. 나는 그리스도 안에 있는 축복 때문에 세상에 있는 모든 것을 단념하고자 하는 영혼을 간절히 느꼈다. 내 생애에 있어서 가장 중요한 구원을 찾고 있었다.

두 번째 동기는 당시에 악화된 학교의 상황이었다. 학내의 문제로 시위가 지속되었고, 학생들 역시 도덕적으로 심각한 상태에 처해 있었다. 그런 상황에서 에드워즈는 아버지에게 다음과 같은 편지를 보냈다.

비록 그런 소요들이 매우 빠르게 진정되었으나 훨씬 크고 악한 상황이 계속되었습니다. 그것은 이전 대학에서 있었던 것보다 훨씬 큰 소요라고 생각합니다. 그런 혼란은 몇몇 소름 끼치는 불경건한 일과 최근 대학 내에서의 부도덕한 행위들이 드러남으로써 야기되었습니다. 특히 닭, 거위, 고기, 나무 훔치기, 불순한 목적으로 밤에 돌아다니기, 이웃의 창문 깨기, 카드놀이, 저주, 고발, 욕, 나쁜 말버릇 같은 것들이 학교 내에서 지금처럼 극에 달한 경우가 없었습니다. … 저는 하나님의 선하심으로 말미암아 그들의 모든 말다툼에서 완전히 벗어나 있습니다.

세 번째 동기는 죄 문제와 싸우면서 갖게 된 절망감이었다. 어렸을 때부터 남달리 영적인 문제에 관심을 가졌던 에드워즈는 죄 문제로 고민하게 되었다. 한때 누렸던 신앙적인 즐거움은 습관적으로 짓는 죄 때문에 곧바로 식곤 했다. 기도 시간 역시 정기적으로 갖지 못했다. 결과적으로 에드워즈는 마음속에 타오르는 죄 문제에 대한 고민으로 깊은 절망감에 빠지게 되었다.

시간이 지나면서 나의 확신과 감정들은 점점 사라져갔고 그 모든 감정과 기쁨을 완전히 잃어버렸다. 그리하여 개인 기도 시간이 점점 더 줄어들게 되었다. 마침내 어떤 형태의 지속적인 기도 시간도 가지지 않았다. 그래서 자기가 토한 것을 다시 먹는 개처럼 옛날의 나의 모습으로 돌아가 죄를 습관적으로 짓는 생활이 계속되었다.

이런 상황에서 에드워즈는 구원의 문제에 대해 더 깊은 관심을 갖게 되었다. 생의 한계를 생각하게 한 건강 악화와 절망에 이르는 도덕적 상황, 그리고 죄 문제로 인한 내면의 갈등은 자연스럽게 영적인 문제와 자신의 구원 문제에 관심을 쏟게 한 듯하다. 따라서 그는 구원의 문제를 해결해보려고 필사적인 노력을 다했다. 그 기간에 겪었던 영적 상태에 대해서 그는 다음과 같이 진술했다.

나는 실로 이전에 가져보지 못했던 방법으로 구원을 열망했다. 그리스도 안에 있는 구원의 유익을 얻기 위해 세상의 모든 것을 포기할 마음을 느꼈다. 나의 마음은 계속 감동적인 생각과 영적인 투쟁으로 가득 차 있었다.

이런 환경적인 요인들로 에드워즈가 회심하게 된 것이

다. 하지만 그의 회심의 문제를 다룰 때 간과해서는 안 될 것은 회심에 드러난 '하나님의 주권'이다. 엄밀하게 말하자면, 에드워즈의 회심은 근본적으로 하나님의 주권적인 역사였다. 그는 회심 이후, 자신의 회심은 전적으로 하나님의 주권적인 은혜였다고 다음과 같이 고백했다.

어린 시절부터 줄곧 나는 도저히 이해할 수 없었다. 하나님께서 영생을 주시길 원하는 자를 택하시고, 하나님께서 기뻐하셨던 자를 거절하시기도 하시며, 멸하시기 위해 버리시고 영원히 지옥의 고통을 받게 하시는 그런 하나님의 주권 교리에 반대하는 감정이 내 안에 가득 차 있었다. 그것은 내게 너무나 불쾌한 교리여서 계속 마음에 떠올랐다. 그러나 그 이후 회심하게 되었을 때에는 그것이 매우 유익한 것이라고 생각하였다. 이제는 그러한 하나님의 주권과 영원한 심판에 대해 극히 만족하게 되었다. … 1차로 회개한 이후에는 하나님의 주권에 대해 전혀 색다른 감정을 갖게 되었다. 나는 그 이후에 종종 뉘우쳤을 뿐만 아니라 기쁨이 충만한 회개도 하였다. 절대주권은 내가 서술하기 좋아하는 것이 되었다.

하나님의 절대주권에 대한 인식의 변화는 이후 그의 신앙과 신학에 크게 영향을 끼쳤다. 그런 확실한 체험으로 인하여 에드워즈는 칼뱅주의 신학의 기저를 이루는 '하나님의 주권과 영광'의 탁월성을 평생 확신하며 살았다. 하나님을 만난 체험 신앙은 신전神前의식의 기초가 되었으며, 신학의 뼈대가 되었다.

달콤한 구원의 기쁨을 누리며

에드워즈의 회심은 1721년 5월 혹은 6월에 일어났다. 구원을 위해서 자기의 노력을 포기하고 전적으로 하나님께 구할 때 마침내 기도 응답의 축복이 주어졌다. 자신의 고백대로 그 순간 "새로운 성향을 띠게 된 변화와 하나님의 일들에 대한 깨달음"이 일어난 것이다. 훗날 자서전에 적은 대로, 그는 디모데전서 1장 17절 말씀을 읽는 중에 달콤한 구원의 기쁨과 하늘에서 내려오는 놀라운 평화를 맛보게 되었다. 그의 진술을 직접 들어보자.

"영원하신 왕 곧 썩지 아니하고 보이지 아니하고 홀로 하나이신 하나님께 존귀와 영광이 영원무궁하도록 있을지어다 아멘"(딤전 1:17). 이 말씀을 읽고 있는데 신적 존재의 영광에 대한 의식이 내 영혼 안으로 들어왔으며, 마치 그것이 내 영혼 안에 퍼지는 것 같았다. 이것은 이전에 내가 경험했던 것과는 완전히 다른 새로운 의식이었다. … 나는 혼자 이렇게 생각했다. 얼마나 놀라운 존재이신가, 이 하나님을 함께 즐거워할 수만 있다면 천국에서 이분에게 사로잡혀 있을 수 있다면, 이분 품 안에서 영원히 지낼 수만 있다면, 얼마나 행복할까?

그 이후 거룩하신 하나님을 깨닫게 되었고, 그리스도에 대한 첫사랑으로 기쁨이 충만하게 되었다. 일찍이 그의 영혼에 그 말씀보다 더 강하고 생생하게 와 닿았던 말씀은 없었다. 에드워즈는 그 당시 체험했던 놀라운 감격들을 다음과 같이 기록했다.

그때부터 나는 그리스도, 구속 사역, 그리스도를 통한 영광스러운 구원 방법에 대한 새로운 이해와 개념을 갖기 시작했다. 때때로 그런 것들에 대한 영적이며 달콤한 감정이 내 마음속으로 들어왔다. 그리고 내 영혼은 그런 일들을 즐거운 마음으로 생각하고 묵상함으로써 가만히 있지를 못했다. 내 마음은, 성경과 그리스도, 그리고 그분의 아름다움과 탁월함과 그분 안에서 거저 주시는 은혜로 말미암는 사랑스러운 구원 방법을 묵상하는 일에 몰두하고 있었다. 그런 주제를 다룬 책처럼 나에게 즐거움을 준 책은 찾아볼 수 없었다.

찬송가 2장 1절 "나는 샤론의 꽃, 골짜기 백합…"은 항상 나의 마음을 충만하게 해주었다. 그 가사들은 예수 그리스도의 사랑과 아름다움을 은혜롭게 표현해주었다. 찬송가 전체가 내게 즐거운 것이었다. 나는 그것을 읽고 묵상할 때마다 나를 이끌어주는 영적 즐거움을 얻었다. … 내가 거룩한 일들에 대해 가졌던 그 깨달음은 종종 갑자기 불붙었고, 마치 내 마음속에서 불타고 있는 듯한 감미로움과 영혼의 향수를 느끼게 하여, 감히 어떻게 표현해야 좋을지 모르겠다.

그런 감격스러운 체험을 한 에드워즈는 곧바로 고향으

로 돌아가 아버지에게 자신의 영적 상태를 이야기했다. 한동안 아버지와 대화를 나누면서 그는 하나님께서 자신에게 베풀어주신 놀라운 사랑을 깨달았다. 그러고 나서 한적한 곳을 찾아가 하나님을 묵상했고, 그 은혜로운 순간들을 다시 한 번 생각했다. 그때 가졌던 영적인 느낌들을 에드워즈는 다음과 같이 표현했다.

그곳을 걸으며 하늘의 구름을 쳐다보고 있을 때 하나님의 영광스러운 위엄과 은혜에 대한 달콤한 감정이 내 마음속에서 솟구쳐올랐다. 어떻게 형용할 수 있으랴! 존엄과 온유, 이 두 가지가 합해진 하나의 달콤한 결합 속에서 권세와 은혜를 보는 것 같았다. 그것은 감미롭고 부드럽고 거룩한 권세였다. 또한 존엄한 온유하심이었다. 경건한 아름다움이었다. 높고 위대하고 거룩한 온유하심이었다.

그날 이후 에드워즈는 그리스도인으로서 새로운 생활을 시작하였다. 그가 누린 기쁨은 어렸을 때 조금 맛보았던 기쁨과는 비교할 수 없는 것이었다. 영혼이 새롭게 변화되었고, 날마다 더욱 경건해졌다. 영적 생활도 활기가 넘쳐서 날마다 달콤함을 느꼈다. 모든 면에서 현저한 변화가 일어났다. 심지어 만물을 보는 눈까지 새롭게 변화되었다. 에드워즈는 그런 놀라운 은혜의 세계를 그제야 맛보게 된 것을 애통하고 통회했다.

겉모습이 바뀌었고, 거의 모든 일에서 차분하고 좋은 성품으로 변했다. 마치 거룩한 영광의 모습이 드러난 것 같았다. 나의 마음을 크게 안정시켜주었던 해, 달, 별, 구름, 들, 푸른 하늘, 풀, 꽃, 나무, 호수 등의 모든 피조물 안에서 하나님의 탁월하심과 지혜, 순결, 사랑을 발견할 수 있었다. 그리고 그런 것들 가운데서 하나님의 아름다운 영광을 보기 위해 구름과 하늘을 쳐다보면서 오랫동안 앉아 있기도 했다. … 나는 하나님과 그리스도를 열정적으로 갈망했고 더욱 거룩해지기를 뜨겁게 사모했다. 그리하여 마음이 터질 것 같았다.

이런 에드워즈의 회심 체험은 그의 나머지 삶과 사역 및 신학 형성에 큰 영향을 끼쳤다. 그의 회심 체험에는 두드러진 여러 특징이 있다. 역사적으로 쓰임받은 하나님의 사람들은 주로 말씀을 통해서 회심을 체험했다. 가령, 루터나 칼뱅, 오웬, 휘트필드 등은 모두 말씀을 통해 회심을 체험했다. 스펄전 역시 한 평신도의 설교를 듣는 중에 회심을 체험했다.

마찬가지로 에드워즈 역시 영적인 문제에 관심을 갖고 고민하던 중 말씀의 영광을 맛보았다. 말씀 안에서 기쁨을 누렸고, 말씀으로 영혼의 즐거움을 느끼기도 했다. 그렇게 체험한 말씀의 영광과 능력이 에드워즈의 전 생애를 사로잡았다. 그런 영향 때문인지 에드워즈는 말씀에 대한 엄격한 각오를 결심문에서 다음과 같이 밝혔다.

결심문 28

성경을 아주 꾸준하게 지속적으로 연구하자. 그렇게 해서 깨닫고 쉽게 이해한 지식을 바탕으로 자라가자.

에드워즈는 칼뱅의 신학과 사상에 심취해서 《기독교 강요》를 항상 옆에 놓고 살았다. 미국 교계에 칼뱅주의 신학의 뿌리를 내리게 한 사람도 에드워즈였다. 그런 면에서 그를 어거스틴과 칼뱅의 신학을 계승, 발전시킨 탁월한 칼뱅주의 신학자라고도 평한다. 어거스틴과 칼뱅 사상의 핵심은 하나님의 영광과 주권을 강조하는 것이다. 게다가 말씀이 하나님의 계시임을 믿으면서 최고의 권위를 부여한다. 따라서 에드워즈 신학의 중심에는 늘 말씀이 있었다. 목회 현장에서도 언제나 말씀을 중요하게 여겼고, 삶에서도 말씀이 중심이었다. 이는 회심의 순간에 체험한 말씀의 영광이 평생 그에게서 떠나지 않았기 때문이다.

에드워즈의 말씀 체험은 곧바로 하나님과의 실존적인 만남으로 이어졌다. 그 이전에는 종종 종교적 의무감에 사로잡혀 있었다. 영적인 기쁨을 누리는 것도 일시적이었다. 죄책감으로 인해 늘 좌절 가운데 있었다. 하지만 말씀을 체험한 후부터는 자신이 참 그리스도인이 되었음을 느꼈다. 매 순간 하나님의 형상을 닮아가려는 열망에 사로잡혀 있었다. 그는 말씀을 통해서 하나님을 실존적으로 만난 것이다. 그 후부터 에드워즈는 평생 그분을 닮아가려고 애썼다. 말씀을 통해 하나님을 실존적으로 만난 후에 누렸던 자신의 영적 상태에 대해서 그는 다음과 같이 말했다.

나는 매사에 완전한 그리스도인이 되고, 그리스도의 거룩한 형상을 닮기 원하는 불타는 열망을 느꼈다. 그리하여 매사에 거룩한 법칙을 따라 살고자 했다. … 항상 나 자신을 시험하였고, 거룩하게 살 수 있는 길과 방법을 찾기 위해 인생의 어떤 목표를 추구하는 것 이상의 더 큰 성실과 열심을 가지고 연구하였다. 그러나 자신의 힘을 너무 지나치게 의지함으로 큰 손해를 입었음이 훗날에 판명되었다. … 그렇지만 나는 열심히 계속 그리스도를 닮아가며 더욱 거룩해지기를 추구했다.

회심 사건 후 에드워즈의 신앙관은, 오늘 하나님과 실존적으로 만나는 것, 곧 '하나님과의 생생한 만남'이라고 묘

사할 수 있다. 그의 신앙은 철저히 체험적이고 실제적이었다. 그의 마음과 영혼에 충만히 임한 하나님과 깊은 교제를 하는 것이 신앙의 핵심이었다. 하나님과의 실존적인 만남에 대해서 그는 다음과 같이 증언한다.

나는 여러 차례 성삼위의 제 삼위 되시는 성령의 영광을 감지했고, 성결케 하시는 그분의 직무를 느꼈다. 그리고 거룩하신 역사를 통해서 영혼에 하나님의 빛과 생명을 전달하시는 성령을 의식했다. 성령의 교통 안에서 하나님께서는 거룩한 영광과 달콤함이 넘치는 무한한 샘으로 나타나셨다. 그리고 은밀한 교통을 통해서 자신을 부어주셨고, 영광의 광채로 빛나는 태양처럼 생명과 빛을 달콤하고 즐겁게 나누어주셨다. 그리고 나는 하나님의 말씀이 생명을 주는 말씀으로서 달콤하고 탁월함을 감지했다. 그 때는 말씀을 간절히 갈망하게 되었고, 말씀이 내 마음속에서 풍성하게 거할 수 있기를 간절히 바라게 되었다.

에드워즈가 하나님과 실존적으로 만나지 못했더라면 그는 여전히 종교적 의무감에 빠져 진정한 신앙에 이르지 못했을 것이다. 그가 평생 추구했던 거룩한 삶에 대한 열망과 철저한 순종의 결단 등도 실존적인 하나님을 만나 회심했기에 가능한 일이었다.

~

예일에서 노샘프턴까지

~

회심 이후 에드워즈는 자신의 삶을 전적으로 하나님께 헌
신하기로 다짐하면서 결심문을 쓰기 시작하여 1723년 8월
17일까지 70개의 결심문을 작성했다. 결심문에서 그는 다
음과 같이 밝혔다.

하나님의 도움 없이는 아무것도 할 수 없다는 것을 알고
있었기 때문에, 나는 이러한 결심들이 하나님의 뜻, 곧 그
리스도를 위하여 합당하다면, 이 결심대로 살 수 있도록
하나님의 은총을 겸손하게 간청한다. 잊지 말고 매주 한
번씩 이 결심문을 읽자.

결심문 1

나의 전 생애 동안, 지금이든지 아니면 지금으로부터 무

수한 세월이 흐르고 난 뒤든지 시간은 고려하지 말고, 하나님의 영광과 나의 덕에 가장 유익하고 즐거운 것이라고 생각되면 무엇이든 할 것이다. 나의 의무이자 인류의 행복과 유익에 최선이 된다고 생각하면 무엇이든지 할 것을 결심한다. 내게 닥칠 고난이 무엇이든, 그것이 아무리 많고 아무리 크다 할지라도, 그렇게 하자.

결심문 5

한순간의 시간도 절대로 낭비하지 말고 그 시간을 가능한 한 최대로 유익하게 사용하자….

회심 이후에 했던 이런 결심들은 에드워즈의 삶에서 중요한 의미를 갖는다. 하나님께서는 놀라운 섭리로 에드워즈를 회심하게 하셔서 그를 부흥의 도구로 삼으실 준비를 하신 것이다. 그런 면에서 에드워즈의 회심은 그가 나중에 체험할 노샘프턴의 부흥과 밀접한 관계가 있음을 간과해서는 안 된다.

어떤 면에서 그의 회심 체험은 영적 부흥의 체험이었다. 그는 자신이 체험한 영적 부흥을 말씀을 근거로 신학화했다. 그런 이유 때문에 에드워즈를 가리켜서 부흥신학자라고도 한다. 마틴 로이드 존스는 에드워즈를 다음과 같이 평가했다.

기독교에서 조나단 에드워즈만큼 크게 영향을 끼친 사람은 없다. 그는 탁월한 신학자요, 위대한 복음 전도자요, 걸출한 부흥신학자였다. 만약 당신이 참된 부흥에 대해서 알고자 한다면 조나단 에드워즈를 찾아나서야 한다.

개혁신학과 청교도 신학을 발판으로 세워진 에드워즈의 부흥신학의 뿌리는 말씀이었다. 그의 부흥신학은 신비적 체험에 치중한 것이 아니었다. 그는 체험을 강조하되 성경을 벗어난 적이 없었고, 지속적으로 강조했던 성령의 체험 역시 말씀의 테두리 안에 있는 것이었다. 그는 신앙적 감동, 곧 일종의 체험에 대해서 다음과 같이 말했다.

나는 내 의무를 감당하는 데 있어서 청중이 오직 진리로
만 감동받고 그 감동이 주제의 본질에서 이탈하지만 않는
다면 가능한 한 청중의 감동을 최대로 불러일으키고 싶습
니다. … 오늘날 이런 지식의 소유자가 얼마나 많습니까?
논리적인 능력과 침투력, 학식의 정도, 명확한 분별력, 바
른 문체, 표현의 명확함 등이 이처럼 뛰어난 세대가 언제
있었습니까? 그럼에도 불구하고 참 신앙을 고백하고 있
는 사람들이 이처럼 죄를 의식하지 못하고, 하나님을 사
랑하는 일과 천국을 사모하는 일, 그리고 삶의 거룩함을
추구하는 일에서 이처럼 빈약했던 적이 언제 있었습니
까? 오늘날 교인들은 머리에 지식을 축적하는 것보다는
마음에 감동을 받는 것이 더 시급합니다.

이처럼 에드워즈는 교인들이 성령을 통해서 마음에 감
동을 받아야 할 필요성을 역설했다. 성령의 기름부음을 통
해서 감동적인 체험을 하는 것이 시급하다는 것이다. 따라
서 교인들은 성령으로 말미암아 하나님의 위엄과 영광을

체험하려는 열망을 가져야 한다고 주장했다. 그런 점에서 에드워즈는 하나님과 성령의 역사에 대한 특이하고 경이로운 체험을 늘 옹호했다. 다음은 성령 체험에 대한 에드워즈의 입장이다.

하나님의 성령의 감동을 받는 어떤 사람들이 일종의 황홀경의 상태에 들어가서 자신을 잊어버리고 강하고 유쾌한 상상의 세계로 넘어가 일종의 환상을 본다고 합니다. 마치 자신이 하늘에까지 올라가 영광스러운 광경을 목격한 것처럼 말하기도 합니다. 그러한 일이 성령께 속해 있지 않다고 하는 것은 어불성설입니다.

에드워즈의 성령 체험은 곧 영적 부흥으로 이어졌다. 더구나 자신이 회심의 순간에 체험한 성령의 역사를 영적 부흥의 단면으로 간주했다. 그런 성령의 역사는 그의 회심 사건으로부터 시작해서 목회 현장 곳곳에서 다양한 방법으로 나타났다. 에드워즈는 예일의 회심에서부터 노샘프턴

에 이르기까지 성령의 강권적인 역사로 놀라운 부흥을 체
험한 것이다.

3장

정결하고 순전한 영성

Jonathan Edward.

첫 목회지에서의 사역

회심 후 결심문을 쓰면서 영적 생활에 새로운 전기를 맞이할 무렵 에드워즈는 뉴욕의 어느 작은 장로교회로부터 설교자로 청빙을 받았다. 따라서 그는 1722년 8월, 예일의 석사 과정을 중도에 포기한 채 뉴욕으로 떠났다. 첫 목회 사역지에서 설교했던 내용은 주로 자신이 체험했던 것으로, 그리스도 안에서 누리게 되는 새로운 삶에 대한 것들이었다. 그는 구원받은 이후 삶이 그리스도와 친밀한 교제로 이어져야 할 것을 강조했다.

그 기간 동안에 에드워즈 자신도 그리스도를 더욱 갈망했으며, 그분과의 교제가 더욱 친밀해졌다. 훗날 그가 뉴욕에 있을 때 그리스도와 그분의 거룩함을 얼마나 갈망했는지 다음과 같이 회고했다.

신적인 것들에 관한 내 의식은 점점 더 증가하는 것 같았
다. … 하나님과 거룩함을 향한 나의 갈망은 더욱 커졌다.
순결하고 겸손하며, 거룩하고 신성한 기독교 신앙이 내게
너무나 온화하게 다가오는 것 같았다.

에드워즈는 학자로서 학교에 남아 가르치는 것보다 목
회하기를 더 원했다. 그의 소망대로 뉴욕에서 설교하고 영
혼을 돌보는 중에 영적 생활이 절정에 이르게 되었다. 이제
그는 완벽한 그리스도인이 되는 것이 소원이었다. 날마다
자신의 영혼이 더욱 순결해지기를 갈망했으며, 복음의 말
씀 앞에 순종하고자 하는 열망도 커지게 되었다. 거룩의 신
비와 은총이 얼마나 놀라운 것인지 깨달은 시점도 바로 그
시기였다. 에드워즈가 얼마나 거룩을 갈망했는지 다음 진
술에 역력하게 드러난다.

거룩함은 … 감미롭고, 즐겁고, 황홀할 정도로 평화롭고,
고요한 본질을 가진 것으로 내게 다가왔다. 그것은 영혼

에 말로 표현할 수 없는 순결, 밝음, 평화, 그리고 환희를 가져다주었다. 달리 말하면, 그것은 영혼을 온갖 종류의 아름다운 꽃들이 피어 있는 하나님의 들이나 정원처럼 만들었다. 그것에는 유쾌함, 괴롭지 않은 모든 즐거움, 달콤한 고요함에서 얻는 즐거움, 그리고 부드럽게 생기를 더해주는 태양빛이 있다. … 나는 겸손과 애통과 심령의 가난과 더불어 거룩함에 대한 지극한 사랑을 가지고 있었지만, 피조물 가운데 그 어디에도 그런 것은 존재하지 않았다. 여지껏 내가 그렇게 간절하게 갈망한 것은 없었다. 내마음은 마치 티끌 가운데 있는 것처럼 하나님 앞에서 낮아지기를 갈망했다. 나는 아무것도 아니고, 하나님이 전부이기를….

이안 머레이는, "거룩을 향한 그의 노력은 어떤 도덕주의자의 자의적 노력 그 이상이다. 그의 노력은 그를 그리스도 안에서 새로운 피조물로 만드신 하나님을 향한 사랑의 반응이다"라고 말했다. 거룩을 그렇게 사모하는 가운데 에

63

드워즈는 1723년 1월경에 자기를 완전히 포기하며, 하나님께 대한 헌신을 맹세하면서 일기에 이렇게 썼다.

나는 하나님 앞에서 살아왔다. 그리고 나 자신, 곧 내 존재와 내 소유 모두를 하나님 앞에 바쳤다. 따라서 어느 것에 있어서도 나는 나 자신의 것이 아니다. 나는 스스로에게 어떤 권리도 주장할 수 없다. 내가 이렇게 이해하는 것이나 이런 의지를 가지는 것, 그리고 내 안에 이런 감정이 있는 것에 대해서, 나는 어떤 권리도 주장할 수 없다. 그리고 또한 나는 이 몸의 어떤 지체에 대해서도 아무런 권리를 갖고 있지 않다. 혀나 손, 발, 눈, 귀를 비롯하여 냄새나 맛을 느끼는 어떠한 감각에 대해서도 내게는 권리가 없다. 나는 나 자신을 완전히 버렸다. 그리고 나에게 어떤 것도 남겨두지 않았다.

오늘 아침 나는 하나님께 향하고 있었다. 그리고 나는 그분께 나 자신을 전적으로 드린다고 말씀드렸다. 그래서 미래에 나 자신에 대하여 어떤 부분에 있어서도 권리를

주장하지 않도록…. 나는 이렇게 해왔다. 그리고 하나님
께 기도드린다. … 나에게 고통을 주시든 영화를 주시든,
그분의 것인 나에게 어떻게 하시기를 원하시든지 모든 면
에서 나와 관계하시기를.

청교도는 죽을 때까지 일기를 쓰는 습관이 있었다. 에드
워즈 역시 일기를 썼는데 1722년 겨울의 일기부터 일부가
남아 있다. 그 일기들을 보면 그가 얼마나 치열한 영적 투
쟁을 했는지 생생하게 느낄 수 있다.

1722년 12월 21일 금요일
오늘과 어제는 너무나 지나치게 무감동하며 무기력하여
생명이 없는 것 같았다.

1722년 12월 22일 토요일
오늘은 하나님의 성령으로 말미암아 회복되었고, 하나님
의 놀라우신 거룩함으로 감동하였다. 평상시보다 더 크게

그리스도의 사랑을 느꼈다. 또한 죄에 대해서도 더 민감한 회의를 느꼈다. 그것은 그렇게도 자비로우시고 좋으신 하나님께 죄를 범했기 때문이다.

1723년 1월 1일 화요일

여러 날 동안 침체되어 있었다. 오늘의 태만함을 죄로 여기는지 아닌지 시험해보았다. 그러나 해결되지 않았다.

1723년 1월 2일 수요일

오늘은 지루하였다. 경험적으로 깨달았다. 내가 해결하고자 하는 것과 하고 싶은 것을 몇 가지 방법으로 해보는 것은 모두 헛된 일이며, 하나님의 성령의 역사가 없으면 전혀 소용 없는 일이었다. 내가 할 수 있는 모든 것을 했음에도 불구하고 지난주처럼 하나님의 성령이 내게서 떠나가시면, 나는 성장할 수 없고 도리어 무기력해지며 비참하게 점점 힘을 잃게 될 것이다.

1723년 1월 8일 화요일

오늘 아침에는 다른 날보다 그리스도의 탁월하심에 대해 더 깊이 생각하였다. 그것을 생각함으로써 죄에 대해 놀랍게 회개하였다.

그는 이런 일기들뿐만 아니라 성경을 기초로 해서 평생 실천해야 할 좌우명으로 만든 결심문도 대부분 이 시기에 썼다. 이 결심문은 "그리스도인의 임무에 대한 최고의 요약집"이요, "지금까지 사람이 만들 수 있었던 것 중 복음적 실행 실천에 대한 최고의 지침서"로 평가받을 정도로 뛰어난 규례집이다.

자신의 신앙의 면모를 그렇게 정교하게 가다듬었던 사람이 역사 속에 얼마나 있었을까? 그처럼 하나님을 갈망하던 사람을 어디에서 찾을 수 있을까? 이런 결심문들은 신앙 성장에 있어서 인간의 책임과 노력이 얼마나 중요한지 보여준다. 거룩을 위해서 얼마나 치열한 싸움을 해야 하는지도 극명하게 보여준다.

여기 그 결심문들을 일부 소개한다.

결심문 4

하나님의 영광에 도움이 되지 않는다면 영혼에 관계된 것
이든 육체에 관계된 것이든, 적든 많든, 어떤 것이라도 절
대로 하지 말자.

결심문 5

한순간의 시간도 절대로 낭비하지 말고 그 시간을 가능한
한 최대로 유익하게 사용하자.

결심문 6

살아 있는 동안 힘껏 살자.

결심문 9

매사에 나의 죽음과 죽고 난 뒤에 무슨 일이 일어날지에
대해서 많이 생각하자.

결심문 10

고통스러울 때는 순교의 고통과 지옥의 고통을 생각하자.

결심문 12

만일 내가 교만이나 허영, 이런 것들을 만족시키기 위해

어떤 것을 좋아하고 있다면 즉시 그것을 버리자.

결심문 14

절대로 복수심을 가지고 어떤 일을 하지 말자.

결심문 15

비이성적인 인간에게는 아무리 사소한 화라도 내지 말자.

결심문 20

먹고 마시는 것은 엄격하게 절제하며 살자.

결심문 23

하나님의 영광을 위해서 하는 일이 아닌 것같이 생각될 때는 매우 신중하게 행하자. 그리고 그 일의 원래 의도와 계획과 목적이 무엇인지 파악하자. 만일 그 일이 하나님의 영광을 위한 것이 아니라는 것을 알게 되면 그 일은 '결심문 4'를 어기는 것으로 간주하자.

결심문 37

매일 밤 잠자리에 들기 전 내가 게으름을 피웠는지, 무슨 죄를 지었는지, 자신을 부인했는지 등에 대하여 자문해보자. 또한 매주 말, 매월 말, 매년 말에도 그렇게 하자.

결심문 40

매일 밤 잠자리에 들기 전에 먹고 마시는 일에 있어서 내가 할 수 있는 최선을 다했는지 자문해보자.

결심문 56

아무리 실패하더라도 내 안에 있는 부패와의 싸움을 절대
로 포기하지 말고 조금도 긴장을 풀지 말자.

결심문 70

내가 하는 모든 말이 모든 사람에게 유익이 되도록 하자.

뉴욕 장로교회 교인들은 에드워즈의 설교에 매우 만족
했다. 설교에는 설교자의 영성이 묻어나는 법이다. 그토록
거룩을 사모하고 그리스도를 갈망하며 정결한 영혼이 선
포한 설교에 감동하지 않은 사람이 누가 있겠는가! 그럼에
도 불구하고 뉴욕 장로교회에서는 이 영감 넘치는 설교의
대가를 감당할 수 없었다. 건물 유지비나 사례비를 부담할
수 있는 형편이 못 되었기 때문이다. 결국 에드워즈는 8개
월 동안의 뉴욕에서의 목회를 접어야 했다. 그곳에서 그는
지상에서 경험한 천상의 삶과 같이 영적인 달콤함을 누리
며 목회의 꽃을 피웠으나 현실적인 어려움으로 인해 성도

들과 아쉬운 작별을 고했다. 그는 당시의 심정을 다음과 같이 표현했다.

스미스 부인의 가족과 헤어진다는 것은 큰 고통이었습니다. 그토록 달콤하고 즐거운 시간을 오랫동안 함께 보냈던 그 가정과 도시를 떠날 때 내 마음은 무너져내리는 것 같았습니다. 나는 수로를 통해서 뉴욕에서 위트필드로 갔습니다. 배를 타고 가면서 그 도시를 계속해서 바라보았습니다. 그러나 이 슬픈 이별 후 그날 밤 숙박했던 웨스트체스트에서 하나님께 큰 위로를 받았습니다.

~

부흥의 현장 노샘프턴으로

~

1723년 4월, 에드워즈는 뉴욕을 떠나온 뒤 미뤘던 석사 논문을 끝내고 9월에 석사 학위를 취득했다. 이제 학자나 목회자의 길을 선택하는 것은 에드워즈 자신의 몫이었다. 그는 목회하면서 성경을 연구하고 주해를 쓰고 싶은 마음도 있었다. 그러던 중에 몇 교회에서 그를 청빙하겠다고 제의해왔고, 예일 대학교에서도 강사로 채용하겠다고 제안했다. 그때 에드워즈는 아버지의 권유에 따라 1724년 6월, 예일 대학교의 강사가 되는 길을 택했다.

에드워즈는 예일에서 두 해 동안 가르치면서 지적으로 성장했지만 영적으로는 예전과 같지 않았다. 그는 그 무렵의 영적 상황에 대해 자서전에서 다음과 같이 표현했다.

뉴헤이번으로 간 후에 나는 신앙적으로 낙심했다. 거룩함

을 향한 열정적이고 격정적인 추구로부터 내 마음은 벗어
나 있었다.

에드워즈는 예일에서 강사직을 수행하면서 다음 해 9월
에는 심한 병에 걸려 3개월간 누워 있었다. 하지만 병상에
서 강한 성령의 임재를 느끼며 곧 영적으로 회복되었다. 그
후 건강을 되찾았고, 이듬해 8월에는 노샘프턴에서 목회
하던 외할아버지 솔로몬 스토더드의 교회에 부목사로 청
빙받았다.

솔로몬 스토더드는 노샘프턴 교회에서 50년 동안 사역
했으며, 뉴잉글랜드 전역에서 영향력 있는 목회자였다. 그
는 뛰어난 설교가요, 저술가였다. 그가 교계에서 끼친 영
향력으로 인해 코네티컷 계곡 '교회의 교황'이라는 별명이
붙을 정도였다. 특별한 영적 부흥도 다섯 차례나 경험한 결
과 1677년에 100명이었던 세례교인이 1727년에는 400명
규모로 성장했다. 스토더드가 에드워즈를 부목사로 청빙
한 것은 84살이라는 연령의 한계 때문이었다.

스토더드는 자신의 손자가 후임자가 되어줄 것을 기대하면서 교회와 원만한 타협을 거쳐 에드워즈를 부목사로 청빙했다. 외할아버지로부터 청빙 이야기를 전해 들은 에드워즈는 1726년 9월에 예일 대학교 강사직을 사임했다. 그리고 1727년 2월 15일, 24살의 나이에 목사 임직을 받은 후 1729년 2월 22일에는 노샘프턴 교회의 담임목사가 되었다.

에드워즈가 노샘프턴 교회의 담임으로 사역을 시작할 무렵 뉴잉글랜드의 영적 상황은 청교도 신앙이 급격히 쇠퇴해가고 있었다. 청교도의 첫 세대가 가졌던 순수한 신앙이 사라지고 정통 교리조차 사라져가고 있었다. 오랫동안 행해졌던 은밀한 기도생활이나 주일 성수, 각종 집회 등이 물질적 번영과 함께 점차 사라지게 되었다. 교회의 능력과 생명이 사라지고, 설교의 감동 역시 좀처럼 찾아보기 힘들어졌다.

그런 영적 기상도는 스토더드 시대 사람들이 내내 목격했던 그림들이었다. 50여 년 전 스토더드가 설교를 시작한 이래 노샘프턴 교회에서는 다소 예외적으로 다섯 차례나 영적 부흥이 일어났지만 뉴잉글랜드 전역에서 일어난 영적 퇴락은 걷잡을 수 없었다. 1679년에는 보스턴의 주 의 사당에서 교회의 영적 퇴락을 우려하면서 '뉴잉글랜드의 죄악들을 일으키는 것이 무엇인가?'를 놓고 심의할 정도였다. 1698년 카튼 메더가 보스턴에서 교회의 각성을 외치며 설교했던 내용을 들여다보면 그때의 상황이 어떠했는지 어느 정도 짐작할 수 있다.

우리의 신앙이 얼마나 변질되었습니까? 경건의 능력이, 통탄할 만큼 분명하게 우리 사이에서 쇠퇴하였습니다. …
또 우리의 도덕성은 얼마나 변질되었습니까? 우리의 조상들은 도덕성으로 말미암아 버텨왔습니다.

청교도가 영국을 떠나서 뉴잉글랜드에 정착한 이래 교회를 세우며 신앙을 이끌어갔던 첫 세대와 같은 신앙의 위인들이 좀처럼 일어나지 않았다. 1720년 인크리스 메더 박사가 쓴 《뉴잉글랜드로부터 떠나가는 영광》이란 책은 당시 뉴잉글랜드의 영적 현실을 적나라하게 지적하고 있다. 그해는 에드워즈가 노샘프턴에 부임하기 7년 전이었다.

우리는 영국에서 비국교도요, 엄정하고 경건한 사람들이었던 청교도의 후손이다. 그분들은 이 황무지에까지 주님을 따라왔던 우리의 조상이다. 오 뉴잉글랜드! 뉴잉글랜드! 보아라 영광이 아직 너에게서 사라지지 않았다. 그러나 사라지기 시작한다. … 당신들은 노인이어서 50여 년 전에 뉴잉글랜드가 어떠했는지 알 수 있을 것이며, 첫 영광 중에 있었던 이 교회들을 보았을 것이다. 그때는 그런 영광이 지금처럼 애처로울 만큼 퇴색하거나 소멸하지는 않았다. 황금빛이 얼마나 흐려졌는가? 언제 다시 보스턴은 카튼과 노튼, 쉐퍼드, 미첼 같은 인물을 볼 수 있을까? 이처럼 뛰어난 그리스도의 종들이 죽었을 때 적잖은 영광이 이미 사라졌다.

그 후 몇 년이 지나도 상황은 변하지 않았다. 길리스의 《사료집》에 의하면, 에드워즈가 사역을 시작할 무렵 뉴잉글랜드의 영적 상황은 피폐하기 짝이 없었다. 많은 사람이 신앙의 본질을 잃어버리고 살았다. 청교도의 첫 세대가 신앙의 뿌리로 간주했던 교리에 대한 무지도 만연해 있었다. 대부분 하나님의 진노를 외면한 채 깊은 영적 침잠에 빠져 있었으며, 회개의 필요성도 못 느꼈다. 그런 가운데 스토더드가 노샘프턴 교회에서 재임할 때 일어났던 다섯 차례의 신앙 각성 중 마지막 각성이 1718년에 일어났다. 하지만 그것은 하나님의 비상한 섭리 가운데 일어난 극히 이례적인 일이었다.

에드워즈가 노샘프턴 교회에 부임했지만 교회의 영적 상황은 주변과 크게 다르지 않았다. 한때 부흥의 은혜를 체험하기도 했지만 스토더드 목사의 소천 이후 교인들의 영적 상황은 더욱 나빠졌다. 많은 사람이 음란에 빠져 있었고, 젊은이들은 술집을 들락거리면서 흥청망청했다. 남녀가 혼성으로 미팅에 참석하여 쾌락을 즐기는 일도 부지기

수였다. 그런 영향으로 그리스도인들 역시 세속에 물들어
가기 시작했다. 교인들은 서로 질시와 반목하기에 바빴다.
그 때문에 공식적인 업무를 수행하는 데 있어서도 무조건
반대하는 분위기가 조성되었다.

그런 영적 현실을 감지했지만 에드워즈의 의지는 확고
했다. 그는 잠자는 영혼을 깨우는 길은 말씀을 의지하며 오
직 성령의 도우심을 기다리는 길밖에 없음을 확신했다. 따
라서 에드워즈는 부임 즉시 주일에 한 번, 평일 저녁에 한
번, 매주 두 번씩 설교하기 시작했다. 하지만 2년간 최선을
다해 말씀을 전해도 아무런 변화가 없었다. 대부분 신앙적
인 것에 대해 무감각했고, 각성하는 사람들이 거의 없었다.
그러나 시간이 지나면서 처음의 냉담한 반응과는 달리 젊
은이들이 에드워즈의 설교에 귀를 기울이기 시작했다. 사
람들이 공식예배에 참석하는 횟수도 늘어났다. 점차 상당
수의 사람이 영적인 일에 관심을 갖게 되었다.

결혼과 일상생활

에드워즈는 1727년 6월 28일 뉴헤이번에서 사역하는 목사의 장녀 사라 피에르폰트와 결혼했다. 그때 사라의 나이 17살이었다. 사라는 예일의 설립자 중 한 사람인 제임스 피에르폰트의 딸로 저명한 토머스 후커의 증손녀였다. 토머스 후커는 영국 케임브리지 출신의 청교도로서, 코네티컷 강변을 개척한 후 심오한 신학과 설교로 '뉴잉글랜드의 루터'라고 할 만큼 명성을 날렸다. 그런 영예로운 가문에서 태어난 사라는 조상들의 청교도 신앙을 전수받은 데다 미모까지 겸비해서 소문이 자자한 여성이었다. 에드워즈가 21살 무렵 예일에서 학문에 심취해 있으면서도 13살밖에 되지 않았던 사라의 깊은 영성에 반하여 자신의 문법책에 이런 글을 남겨둘 정도였다.

그녀는 세상을 만드시고 지배하시는 전능하신 분이 사랑하는 사람이라고 한다. 그리고 사람들은, 그 위대한 분이 보이지 않는 이런저런 방식으로 그녀에게 오셔서 그녀의 마음을 너무나 달콤한 기쁨으로 채우는 특별한 때가 있다고 한다. 또한 그녀는 그분을 묵상하는 것을 빼고는 어느 것에도 신경을 쓰지 않는다고 한다.

그 후 두 사람이 어떤 만남을 가졌는지는 기록에 남아 있지 않다. 하지만 4년 후 에드워즈가 노샘프턴 교회 담임으로 부임한 지 4개월 만에 두 사람은 결혼하여 가정을 이루었다. 교회는 신혼 가정을 이룬 담임목사의 사례비로 매월 100파운드를 준비했고, 사택 구입을 위해서 300파운드를 따로 책정하기로 했다. 에드워즈 부부는 1년 뒤 첫딸을 낳은 후 세 아들과 일곱 딸을 낳아 양육하면서 가정의 행복을 누렸다. 에드워즈 부부가 보여준 영적인 연합은 많은 사람에게 감동을 주었다. 조지 휘트필드가 그들과 함께 며칠을 지낸 후에 다음과 같은 글을 남겼다.

지금까지 보지 못했던 정다운 부부였다. 자녀들은 실크나 공단을 입지 않고 평범한 옷을 입고 있었으며, 검소한 그리스도인의 모범을 매사에 발휘하고 있었다. 그녀는 온유하고 조용한 마음으로 하나님의 역사에 대해 다감하면서도 확신 있게 이야기해주었다. 그녀는 자기 남편에게도 그런 내조자였으며, 나로 하여금 수개월 동안 기도를 드려서 하나님께로부터 지금의 내 아내, 아브라함의 딸을 얻을 수 있도록 용기를 주었다.

에드워즈와 그 아내는 하나님께서 선물로 주신 자녀들에게 다른 무엇보다도 신앙 교육에 주의를 기울였다. 토요일 저녁 시간에는 자녀들에게 웨스트민스터 소요리문답을 항목별로 상세하게 설명해주었다. 청교도의 생활 전통에 따라서 가족 기도회도 매일 가졌다. 일상의 삶에서도 자신뿐만 아니라 자녀들의 일과도 엄격하게 통제했으며, 시간을 아끼는 등 끊임없는 훈련을 거듭했다. 매일 수면과 식사 그리고 운동에 이르기까지 자녀들을 세심하게 돌봤다.

자녀들이 집에서 떠나 있을 때는 편지로도 영적 교훈을 그치지 않았다.

장남 디모데가 천연두에 걸렸을 때 에드워즈는 다음과 같은 편지를 썼다.

네가 아프든 건강하든, 죽고 싶든 살고 싶든, 난 네가 진실하게 구원을 찾기를 바란다. 그분은 세상 어디에나 계시고 전혀 부족함이 없으시며 병 같은 것에 방해받지 않으신다. 뿐만 아니라 죽음으로부터 구원해줄 수 있고, 죽을 때 행복하게 죽을 수 있게 하고 영원한 고통에서 구해주며 영원한 삶을 보장해줄 수 있으신 분이다. … 나는 진실로 주님이 너를 구원에 이를 정도로 지혜롭게 하시고, 모든 면에서 너의 상황을 이해하고 자비를 베푸시기 원한다. 그리고 이것은 너를 지극히 사랑하고 애정으로 돌보기 원하는 네 아버지가 매일 기도 드리는 내용이다.

15살의 딸 마리아에게는 다음과 같은 편지를 보냈다.

바라건대 너는 모든 시험을 물리쳐 자신을 엄격하고 단정
하게 지켜야 할 것이다. 하나님을 떠나 있거나 그분을 잊
지 않도록 특별히 은밀한 신앙생활을 게을리하지 않게 조
심하여라. 이 헛된 세상과 세상적인 야심과 공허한 것, 그
리고 쓸데없는 오락들을 떠나서 자주 홀로 하나님과 대화
를 나누어라. 그리고 이 세상의 모든 부귀와 환락과 즐거
움보다 더 가치 있는, 거룩한 은혜와 하나님의 위로를 찾
기 바란다.

이런 편지들을 보면 에드워즈가 자녀들의 신앙 교육을
위해서 얼마나 세심한 주의를 기울였는지 알 수 있다. 17살
된 여루사는 어린 나이에도 자기의 몸을 바치는 섬김과 하
나님을 갈망하는 숭고한 신앙을 가졌다. 그녀는 데이비드
브레이너드를 극진히 간호한 후 그가 죽은 지 4개월 만에
세상을 떠났다. 그녀는 생전에 다음과 같은 말을 남겼다.

나는 수년 동안 단 1분도 헛되이 보내지 않았고, 하나님을

위해 살고 선을 행하며 하나님의 영광을 위한 일이라면 모두 실천하였지만, 한 가지라도 더 선을 행하기 위해 1분만이라도 더 오래 살고 싶어요.

이처럼 에드워즈 부부의 자녀 교육을 향한 뜨거운 열의가 곧바로 아름다운 결실을 맺었다. 하나님의 영광을 위해 살고자 갈망하던 아버지의 신앙을 어린 딸이 그대로 이어받았던 것이다. 에드워즈는 가정에서 자녀들에게 그렇게 철저하게 신앙 교육을 하면서도 자신이 모든 면에서 모범을 보였다. 예를 들면, 시간 관리에 있어서도 무서울 정도로 철저했다. 그는 새벽 시간에 일어나는 것을 주님의 명령으로 생각했고, 다음과 같은 확신을 가졌다. "그리스도께서 이른 새벽에 무덤에서 일어나셨으므로 새벽 일찍이 일어날 것을 명령하셨다고 믿는다."

그런 신앙적 소신을 따라 보통 새벽 4시경에 일어나 매일 13시간씩 성경 연구과 저술에 몰두했다. 그리고 하루에 두 번 이상 기도의 골방에 들어가 하나님과 교제하는 시간을 가졌다. 시간을 아껴서 하나님을 위해 사용했고, 종종 여러 날 동안 금식하며 보내기도 했다. 일기에 따르면, 그는 일정한 시간을 정해서 기도하는 습관을 가졌고, 여행 중에도 하루에 세 차례씩 기도하는 것을 잊지 않았다. 에드워즈는, 하나님과 교통하면서 보낸 시간이 사역의 능력에 비례한다는 영적 비밀을 알고 있었다. 그는 평생 이 진리를 사모하며 하나님의 영광에 이르기를 갈망했다. 그 거룩한 소망을 위해서 어떤 책보다 성경을 연구하고 묵상하면서 일생을 보냈다. 그로 인해 에드워즈는 사도시대 이후 어떤 신학자들보다도 탁월하고 심오하게 성경을 샅샅이 분석했던 사람으로 평가받아왔다.

4장

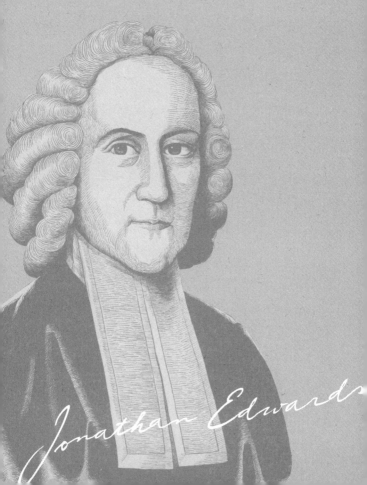

놀라운 부흥의 역사

Jonathan Edwards

~

영적 대각성 보고서

~

에드워즈가 부임한 지 4년쯤 지나자 노샘프턴 교회는 매사추세츠에서 가장 유력한 교회로 자리 잡았다. 그런 영향 때문인지 1731년 7월 8일, 노샘프턴의 젊은 목사가 보스턴으로부터 대중 집회 설교자로 초대받는 영예를 누렸다. 그는 자신의 체험을 근거로 고린도전서 1장 29~30절을 깊이 있게 강해했다. 말씀의 요지는 구원을 받으려면 하나님을 절대적으로 의지해야 한다는 것이었다.

교회에서 하던 방식으로 평범하게 설교했으나 성령께서 강력하게 역사하셨다. 그 결과 말씀을 들은 수많은 사람이 출판해달라고 요청했고, 지도급 인사들까지 크게 감동을 받았다. 그 설교는 청교도 선조들의 신앙와 교리에 무감각하게 살아가던 목회자와 성도에게 들려진 경고의 나팔소리였다. 나중에 그 설교는《구속 사역을 통해 영광 받으

시는 하나님》이라는 제목으로 출판되어 에드워즈의 첫 저
서가 되었다.

12월부터는 교회에서 성령이 역사하기 시작했다. 그 결
과 5~6명이 갑자기 구원받는 회심이 이루어졌다. 그 후 한
사람 한 사람씩 깜짝 놀랄 만한 정도로 각성이 이루어졌고,
계속해서 수많은 사람이 각성했다. 그 후에도 설교를 통해
성령께서 사람들의 마음을 감동시켰다. 하나님을 더 높이
고 지옥에 대해서 경고하는 설교가 사람들의 마음을 사로
잡았다.

여기에서 주목할 것은 에드워즈가 청교도의 정통 교리
로 진리의 깃발을 드높이던 때부터, 거센 폭풍이 휘몰아치
듯이 성령의 강풍이 불어왔다는 점이다. 이에 대해서 에드
워즈는, 성령의 역사가 성경적인 교리를 선포하고 복음 진
리에 충실한 설교와 밀접하게 연관이 있다는 것을 명백하
게 주장했다.

1733년 말부터 주일예배의 강력한 설교에 감동하여 삶
의 변화가 일어나기 시작했다. 설교를 들은 사람들이 순종

하기로 결단하고, 과거의 잘못을 뉘우치기도 했다. 그런 변화가 순식간에 마을 전체에 퍼졌다. 그동안의 무질서에 비하면 획기적인 변화였다. 1734년이 되자 알미니안주의로 인해 교리적인 논란이 일어났다. 에드워즈는 즉시 "이 사상은 종교의 이익을 여러 측면에서 심각하게 위협한다"고 경고했다. 그러고 나서 알미니안주의 교리를 반박하는 설교를 시작했다. 여러 편의 설교에서 그는 인간의 노력과 의지로 구원받는다고 주장하는 알미니안주의를 반박하였고, 구원은 오직 믿음으로 받는 하나님의 선물이라는 성경적인 교리를 주장했다.

그 무렵 알미니안주의는 많은 사람을 매혹시켰고, 목회자들 역시 사람들의 눈치를 보며 성경적인 교리에서 시선을 돌리고 있었다. 그런 상황에서 에드워즈의 교리 논쟁은 많은 목회자의 반감을 사기에 충분했다. 게다가 에드워즈 주변 사람과 친척까지도, 교리 논쟁에 휘말리지 말고 비판적인 글들을 발표하지 말라고 종용했다. 하지만 에드워즈는 자신의 입을 막으려는 것은 "용서받을 수 없는 위법"이라고 하면서 그들의 요구를 단호히 거부했다. 여러 사람의 반대에도 불구하고 에드워즈는 강단에서 교리적인 논의를 다뤘다. 그것은 알미니안주의에 대한 적절한 충고가 되었고, 한편으로 성경의 진리를 충실하게 선포한 말씀들은 진리를 사모하는 영혼들에게는 넘치는 축복이 되었다.

해가 저물어갈 즈음에 몇 사람의 갑작스러운 죽음으로 교회 젊은이들이 큰 충격을 받았다. 그렇지 않아도 알미니안주의의 출현으로 신앙의 위협을 느끼고 있던 차에 교인들의 죽음은 목격한 사람들의 마음속에 신앙에 대한 관심을 더욱 깊게 했다. 하나님의 마음에 합한 일이 무엇인지 찾기도 했다. 믿음으로 구원받는다는 교리를 많은 사람이 받아들였다.

그 무렵에 성령께서 놀랍게 역사했다. 여러 사람이 회심을 체험했고, 몇 사람은 강한 하나님의 역사를 경험하기도 했다. 세상적으로 살아오던 한 여인은 성령의 역사로 말미암아 새 마음을 갖게 되었다. 그녀의 간증은 강퍅한 사람들의 마음을 녹였다.

그 사건으로 인하여 사람들이 각성하기 시작했다. 빈둥거리던 사람들이 새롭게 태어났고, 느슨한 생활을 하던 사람들은 활기를 되찾았다. 사람들의 대화는 세상의 것에서 영적인 것으로 바뀌었다. 이제 신앙이 그들의 최대 관심사가 되었다. 모두 하나님의 나라를 위해 헌신했다. 마을의 모든 사람이 주님의 일에 큰 관심을 보였고, 회심한 사람들이 점점 늘어났다.

1735년 봄이 되자 마을 전체에 영광스러운 변화가 일어났다. 이전보다 훨씬 강하게 성령이 역사했다. 성령께서 각 사람들의 영혼을 사로잡았고, 뜨거운 불길이 활활 타오르기 시작했다. 그렇게 타오른 성령의 불길이 마을 전체를 태워 날마다 하나님의 임재가 충만하게 드러났다. 거의 모든 가정마다 하나님이 친히 임재하신 증표들이 나타났다. 지금까지 있었던 험담과 말다툼이 사라지고, 술집도 텅 비게 되었다. 대부분의 가정이 새롭게 변화되었다. 마을 사람들이 진지하게 독서, 기도, 묵상, 그리고 사경회를 통해서 더 큰 은혜를 갈망했다. 교회에서 드리던 공예배의 분위기도

확연하게 달라졌다. 당시 변화된 공예배의 상황이 어떠했
는지 들어보자.

우리의 공적인 모임들은 아름다웠다. 회중은 저마다 진지
하게 공예배에 참석했고, 예배 가운데 하나님께서 살아
계셨다. 모든 청중이 목회자의 입에서 나오는 말씀을 열
심히 흡수했다. 말씀이 전파될 때마다 사람들이 눈물을
흘리곤 했다. 어떤 사람들은 회한과 비탄의 눈물을 흘렸
고, 어떤 사람들은 이웃의 영혼에 대한 연민과 걱정으로
울었다.

모든 예배가 살아 움직이는 듯 생명력이 넘쳤다. 말씀이
선포되는 동안 눈물이 그친 적이 없었다. 사람들은 기쁨이
충만해서 울고, 주의 사랑에 감격하여 울었다. 어떤 사람들
은 불쌍한 영혼을 생각하며 한없이 울었다. 찬양은 더욱 뜨
거웠으며, 기도가 살아나기 시작했다. 사람들이 모이면 영
적인 즐거움을 이야기하느라 시간 가는 줄 몰랐다. 오직 믿

음과 영적인 것 외에는 다른 이야기를 꺼내는 사람이 없었다. 사람들이 성령의 새롭게 하심을 경험했다. 하나님의 사랑에 감격하면서 회개하기도 했다. 당시 상황에 대해 일부에서는 정신 착란증이라고 생각하기도 했다. 하지만 처음에 의심하고 찾아온 방문객들조차 나중에는 놀라운 은혜를 체험했다. 심지어 그들의 영혼까지 각성되었다. 이미 은혜받은 사람들은 날이 갈수록 더 깊은 은혜의 바다로 들어갔다.

복음의 영향으로, 밤거리를 떠돌아다니던 청소년들이 가정으로 돌아갔다. 사람들이 모인 곳이면 자연스레 나돌던 음담패설이 사라졌다. 거리에서 술을 마시며 흥청망청하던 사람들이 술을 끊었다. 밤마다 거리를 가득 메우던 취객들을 볼 수 없었으며, 술집에서 손님을 찾아볼 수 없게 되었다.

반면에 교회에는 은혜를 사모하는 사람들이 가득했다. 구원의 즐거움을 나누기 위해서 예배 후에도 자리를 뜨지 않았다. 하늘의 영광을 찬양하는 노래가 그치지 않았다. 성전에 임재하신 하나님의 거룩하심을 보고 눈물바다를 이루기도 했다. 온 백성이 부정한 행위를 통회했고, 심령의 냉랭함도 자복했다. 자신들의 삶과 정신이 세속화되었음을 회개했다. 교인들 사이의 질시와 반목을 눈물로 회개했다. 이런 현상은 성령의 역사가 아니고는 상상할 수 없는 일이었다.

놀라운 역사가 일어난 5~6주 동안 진정으로 회심한 사람이 하루에 최소한 4명, 한 주에 거의 30명 가까이 나왔다. 불과 반년 만에 300여 명 이상의 그리스도인이 탄생한 것이다. 노샘프턴 전체가 200가구였으니 거의 주민 전체가 각성한 것이다. 실로 놀랍고 경이적인 역사였다. 에드워즈는 그 은혜로운 불길이 "뉴햄프셔 주의 이 끝에서 저 끝까지 퍼져갔으며, 또한 코네티컷 주의 많은 지역으로 타올랐다"는 기록을 남겼다. 그렇게 일어난 노샘프턴의 영적 부흥을 가리켜서 에드워드의 전기 작가 드와이트는 다음과 같이 평가했다.

노샘프턴에서 일어난 은혜의 역사는 서방 교회에 놀라운 자극을 주었다. 그 사건에 대한 소문은 널리 퍼져 수많은 그리스도인의 마음속에 총체적인 회개를 불러일으킴으로써 복음이 더 효과적으로 전파되었다. 이것은 사도시대에 일어났던 것 이상으로 가치관과 행위에 중대한 변화를 가져왔다.

이러한 영적 대각성 소식은 빠른 속도로 주변에 퍼져나갔다. 그동안 간헐적으로 목격할 수 있었던 성령의 역사를 제외하고는 그처럼 괄목할 만하고, 경이적인 부흥이 없었기에, 이 소식을 듣자 많은 사람이 관심을 갖기 시작했다. 그런 관심 가운데 1735년 여름 노샘프턴에서 일어난 하나님의 역사에 대한 소책자가 보스턴에서 발행되었다. 이 책이 런던에 전달되자 영국의 영적 지도자들이 관심을 갖게 되었고, 에드워즈로 하여금 더 상세한 보고서를 저술하도록 권유했다. 이에 에드워즈는 1736년 11월 6일 편지 형식으로 된 〈놀라운 회심 이야기〉란 제목의 영적 대각성 보고

서를 작성해서 영국의 지도자들에게 보냈다. 그 보고서 서문에서 영국의 비국교도 지도자 왓츠 박사와 가이제 박사는 그 놀라운 성령의 역사에 대해 다음과 같이 피력했다.

1세기 기독교 이후로는 들어보지도 못했던 것이며, 바로 이 이야기와 같은 놀라운 사건은 한 번도 본 적이 없었다. 확실히 그것은 우리로 하여금 그리스도께 신앙을 고백하게 하며 그리스도의 능력과 은총의 놀라운 현현顯現을 주목하게 한다.

~

부흥 이후 쏟아지는 비난

~

노샘프턴의 부흥 이후, 그 영적 불길은 주변의 다른 여러 도시로 확산되었다. 성령의 강력한 역사로 인하여 주(州) 전체가 새로워졌다. 그런 영적 은혜가 각 지역마다 폭포수처럼 쏟아졌다. 하나님의 특별한 섭리로 일어난 대각성의 불길은 계속 타올랐다. 복음의 불길에 휩싸인 사람들은 죄를 뉘우치고 회개했다. 하나님의 위엄과 권능 앞에서 무서워 떠는 사람도 있었다. 말씀을 들은 후에 사람들은 자신의 죄악된 행위들을 즉각적으로 그만두었다. 대부분의 사람이 말씀과 기도에 전력했고, 교회 집회에 적극 참석했다. 이 모든 역사가 하나님의 놀라운 축복이었다.

한편 노샘프턴 교회에서는 성령의 강력한 역사를 체험하던 중에 비극적인 일이 일어났다. 온 마을에 천상의 모습이 재현되듯이 기쁨이 가득하여 부흥이 최고조에 달한 때,

어느 주일 아침에 에드워즈에게 뜻밖의 소식이 전해졌다. 그의 사촌 조셉 홀레이가 지옥에 대한 설교를 듣고 고민하다가 자살했다는 충격적인 소식이었다. 유전적으로 우울증에 시달리던 홀레이는 죄 문제 때문에 절망에 빠졌고, 스스로를 감당하지 못해 죽음을 선택했다. 사촌의 죽음을 보면서 에드워즈는 자신에게도 일말의 책임이 있다고 생각하면서 괴로워했다. 하지만 불행하고 서글픈 사건이 노샘프턴을 불태우던 성령의 불길을 가라앉히지는 못했다. 부흥의 열기가 주춤했으나 곧바로 에드워즈의 행보는 더욱 분주해지기 시작했다.

그러다가 1735년 가을에는 분주한 공적 설교와 각종 기도회, 개인적인 상담, 교회 설교 등 과중한 업무로 인해 탈진하여 쓰러지고 말았다. 휴식을 위해서 뉴욕과 뉴저지로 떠나 있는 동안, 그 후에 이어질 대각성 운동에서 주역으로 활동하게 된 많은 영적 지도자와 만나 교제한 것은 하나님의 특별한 섭리였다. 에벤에셀 펨버톤, 조나단 디킨슨, 존 피어슨, 윌리엄 테넌트의 아들들인 길버트와 윌리엄 주니어, 찰스 등을 만나 부흥에 대한 이야기를 주고 받으면서 영적 교제를 나누었다. 휴식을 마치고 돌아오자 교인들은 투표를 통해서 새로운 집회 장소를 세우기로 결정했다. 그 후 1737년 새 건물이 들어섰지만 불행하게도 공사 중에 협력하지 못하여 교인들 간에 다툼이 생겼다.

온 교회가 뜨겁게 타오른 성령의 역사를 직접 체험하고 그 현장까지 생생하게 목격했지만, 낡은 파벌주의로 인해 다툼이 일어나자 에드워즈는 큰 깨달음을 얻었다. 곧, 회심으로 인하여 구원받은 것은 사실이지만 회심이 곧 성화聖化로 이어지는 것은 아니라는 점이다. 그 후부터 2년간 에드워즈는 성도들의 영적 성장과 거룩함에 대해서 집중적으로 설교했다. 은혜로우신 하나님의 방문으로 노샘프턴에서 회심을 경험했을지라도 지속적으로 하나님의 영광을 구하고 거룩을 추구하라고 권고했다.

1735년 말부터 노샘프턴에서는 뜨거웠던 성령의 불길이 점차 식어갔다. 하지만 노샘프턴에서 시작된 부흥의 불길은 계속해서 주변 지역 교회를 불태웠다. 부흥 이후 5년여 동안 영적 과도기를 거쳤지만 부흥의 불씨는 사그라지지 않았다.

그렇다면 노샘프턴에서 일어난 놀라운 영적 부흥에 대해서 주변 사람들은 어떻게 반응했을까? 모든 사람이 부흥의 선물을 기쁨으로 받아 누렸을까? 온 교회가 다 위대하신 하나님을 찬양하며 영적 부흥을 갈망했을까? 물론 그렇지 않았다. 열화같이 일어난 부흥운동에 반기를 든 사람들이 여기저기에서 나왔다. 처음에는 목회자들이 부흥운동에 대해 침묵으로 응답하였다. 그런 무응답이 부흥운동에 반대한다는 뜻으로 비춰지기도 했다.

그러다가 1741년 5월에, 에드워즈의 설교를 듣고 회중이 놀라운 하나님의 영광과 위엄에 큰 감동을 받은 일이 일어났다. 그 집회의 강력한 감동으로 인하여 육신이 굴복되는 특별한 현상이 나타났고, 시간이 지나면서 그런 현상들이 여기저기에서 계속 일어났다. 일부에서는 강력한 성령의 역사를 동반하는 부흥운동을 적극적으로 지지하는 사람들이 나왔다. 그들은 지옥에 대한 강렬한 메시지가 사람들의 마음에 두려움을 일으켜서 육체적인 반응으로 이어졌다고 했다.

하지만 일부에서는 부흥운동에 대해 신랄한 비난을 가했다. 집회 중에 일어난 특별한 현상들 때문에 기독교가 일반인들에게 좋지 않은 인상을 주게 되었다는 것이다. 더구나 그런 현상을 목격한 청중이 옆 사람을 흉내 내면서 집단적인 광란 상태로 번졌다고 주장했다. 그런 현상은 성령께서 역사한 것이 아니라고 결론지은 사람들이 있었다. 그 후 1742년에는 반대 의견들이 거세게 일어났다. 여기저기에서 격론을 벌이기도 했다. 심지어 89쪽이나 되는 익명의 문서가 출판되기도 했다. 익명의 저자는 부흥운동을 광신으로 몰아붙이면서 특별한 현상에 대해서 이의를 제기했다. 그런 현상들은 성령의 역사와는 무관하다는 주장이었다.

이에 에드워즈는 설교를 통해서 그런 사람들에게 구체적으로 반박했다. 그는 성경에 비추어서 그런 현상들이 성령의 역사임을 상세하게 입증했다. 그렇게 놀라운 영적 부흥은 하나님께서 주권적으로 강림하신 사건임에 틀림없다. 그럼에도 불구하고 그 부흥을 가능하게 한 것은 하나님의 손에 쓰임받은 사람이라는 점을 간과해서는 안 된다. 에드워즈가 바로 그렇게 쓰임받은 사람이었다. 그는 뛰어난 설교로 성령의 역사를 일으켰다. 당시에 영적 각성이 일어날 만한 분위기가 조성되었음에도 불구하고 사람들의 마음을 꿰뚫는 능력 있는 설교가 없었더라면 노샘프턴의 영적 부흥과 대각성 운동은 불가능했을 것이다.

성령의 능력에 사로잡힌 설교

노샘프턴의 영적 대각성이 일어날 무렵, 교회 주변 환경은 지속적인 경제 성장으로 비교적 풍족하였다. 그러나 상업과 무역에 투자한 사람 중 갑자기 부자가 된 사람들이 생기면서 빈부의 격차가 뚜렷해지기 시작했다. 게다가 어떤 사람들은 경제 성장 이후에 토지 값이 상승하여 벼락부자가 되기도 했다. 그런 식으로 부를 획득한 사람들은 사치와 향락을 일삼았고, 교인들조차 그 영향으로 믿음이 해이해졌다. 그런 상황에서 에드워즈는 복음적인 설교로 그리스도인의 삶에 대해 강력한 도전을 주었다. 특히 로마서 설교는 가장 강력한 역사를 일으켰다. 에드워즈는 그 체험에 대해서 다음과 같이 말했다.

회중들에게 수많은 설교를 했지만 로마서 3장 19절의 '이는 모든 입을 막고'라는 말씀을 전했을 때처럼 직접적으로 구원을 얻는 열매를 본 적이 없었다. 그 말씀에 근거하여 단순한 자연인들이 하나님으로부터 영원히 거절당하고 내버림을 당한다 해도 정당한 것이라고 증거했다.

에드워즈의 설교는 심령에 파고드는 강력한 힘이 있었다. 그의 설교에는 잠잠하면서도 천지를 진동하는 듯한 능력이 있었다. 그는 설교로 수많은 사람을 회개로 이끌었다. 어느 날 심판에 관한 말씀을 듣고 크게 감동받은 한 사람이 다음과 같이 증언했다.

에드워즈의 감화력은 살아 움직이는 완벽한 것이었다. 완전히 마음속에 그려져 있었다. 그가 설교를 마치자마자 심판자가 내려오시고 최후 심판이 집행되는 것 같았다.

물론 그는 설교할 때 어떤 제스처를 사용하지도 않았고 웅변력도 없었다. 말의 기교나 세련된 목소리도 없었으며,

특별한 설교 스타일이나 억양도 없었다. 다만 부동 자세로 서서 차근차근 원고를 읽어나갔다. 그런 데다 청중의 시선을 마주치는 것도 피했다. 그럼에도 불구하고 교인들은 강단을 향해 꼼짝 않고 몇 시간씩 설교에 빠져들곤 했다. 대부분의 사람이 마음을 찢고 회개했다. 온 교회가 눈물바다를 이루기도 했다. 사치와 향락을 일삼던 일부 교인들이 변화되기 시작했다. 제임스 패커는 에드워즈의 설교에 대해서 다음과 같이 평가한다.

에드워즈의 설교는 매우 능력이 있었다. 그는 명쾌하고 정확하게 사상을 설명하여 그것에 생명을 부여하는 독특한 재능을 갖고 있었다. 긴 이론을 완만하고 매끄럽게 풀어나가며 진리의 연속적인 기복에 주의를 집중시켜 머릿속으로 미끄러져 들어가게 하는 그 능력은 거의 최면술 같았다. … 에드워즈는 죄와 구원에 대한 명백한 진리로 청중의 양심을 압도할 때 두 시간을 마치 12분같이 느끼게 할 수 있었다. 그의 분석력과 고요한 위엄 앞에서 사람

들은 진리의 힘을 느꼈고, 그것은 조지 휘트필드의 열정
에 못지않았다.

그러면 이와 같이 능력 있는 설교의 비결은 무엇이었을
까? 에드워즈는 자신의 설교와 저술에 있어서 문제에 관한
'스물한 개의 규칙'을 정하고 그것을 지키려고 애썼다. 그
중 일부를 살펴보면 다음과 같다.

4. 스타일에 있어서 많은 겸손이 드러나도록 하라.

5. 논쟁의 여지가 있는 것들을 집어넣지 마라. 그렇게 하
지 않으면 식자들에 의해 논란을 일으킬 것이다.

6. 그럼에도 불구하고 겸손은 동정의 대상이나 어리석은
것으로 여겨져서는 안 되며 오히려 점잖고 자연스러운 것
으로 여겨져야 한다.

7. 무엇이든지 특별한 관심을 보이기 위해 의견을 개진할
때는 모든 사람이 가장 분명하고 뚜렷하게 이해할 수 있
어야 한다. 또한 그 개념들이 분명히 드러나게 하기 위해

서는 가장 덜 혼란스러운 것, 덜 모호한 단어로부터 모든 문제를 풀어나가야 한다.

9. 가능한 한 전문 용어는 사용하지 말 것. 혹 사용한다 하더라도 되도록 절제할 것. 내가 마치 글을 많이 읽고 지식 세계에 정통한 사람인 것처럼 하지 말 것.

12. 글을 쓸 때는 독자들의 연약함을 충분히 고려할 것.

이런 치밀한 노력보다 더 중요했던 것은 언제나 성령의 능력을 의존하고, 철저하게 기도로 준비한 것이었다. 더욱이 어떤 기교나 재미나는 예화, 그리고 자신의 사변적인 지식에 의존한 것이 아니고 성경에 담긴 진리를 증거하려고 최선을 다했다. 예화를 사용할 때도 흥미를 유발하는 이야기를 배제하면서 성경의 예화 중 구약을 주로 인용했다. 설교 한 편당 성경구절을 20~25번씩 인용하면서 성경 중심적인 설교를 한 것이 그의 특징이었다. 그런 식으로 준비하고 전달한 설교가 성령의 역사로 말미암아 능력 있는 설교가 되었다. 에드워즈의 설교 영향력에 대해 전기 작가 홉킨

스는 다음과 같은 평가를 내렸다.

그의 말은 종종 고함이나 외적인 감정 표현 없이 엄청난 내적인 열정을 드러내었고, 청중의 마음에 큰 중압감을 주었다.

당시 에드워즈의 설교를 들었던 사람들의 반응을 살펴보면 그 영향력이 얼마나 컸는지 알 수 있다. 그렇게 놀라운 능력을 발휘한 에드워즈의 설교를 '직접 들었던 웨스트 박사는 다음과 같이 증언했다.

그가 웅변 때문에 우리 도시에서 유명해졌다고 생각하면 잘못입니다. 그는 세련된 목소리도 아니었으며 강한 목소리로 강조하지도 않았습니다. 거의 제스처를 쓰지 않고 똑바로 서서 움직이지 않았습니다. 그는 자기 취미를 만족시키고 상상력을 발휘시키기 위해 자기의 우아한 스타일이나 잘생긴 용모를 사용하지는 않았습니다. 웅변의 힘으로 청중에게 중요한 진리를 전파하였습니다. 타인을 완전히 압도하고 강사의 온 영혼을 주장하며 강렬한 감정을 쏟아 설교한 결과, 전체 청중의 관심을 시종 사로잡았습니다. 지워질 수 없는 감동이 남아 있습니다. 에드워즈는 지금까지 본 사람 중에 가장 훌륭한 웅변가였습니다.

아무리 능력 있는 설교가 선포되어도 이후에 교인들의 삶에 변화가 없으면 그 설교의 가치는 빛을 발할 수 없다. 능력 있는 설교는 항상 교인들의 삶을 변화시킨다. 교인들은 에드워즈의 강력한 설교를 듣고 1742년 3월 16일 새 믿음의 언약에 서명하였다. 그만큼 에드워즈의 설교에는 미국 사회를 변화시킬 만한 강력한 영향력이 있었다. 당시에 교인들이 서명했던 새언약에 대해 정준기 교수는 다음과 같이 설명한다.

새 언약은 하나님께서 노샘프턴 지역에 복음으로 임재하셔서 많은 열매를 맺게 하심을 감사한다고 말한 뒤 정직

하고 참되게 경제생활에 임하겠다고 서원하는 것이었다. 간교한 행위를 통해 부당한 이득을 취하거나 이웃에게 상처를 주지 않을 것이며, 채무자는 채권자에게 반드시 빚을 갚고 채권자는 채무자로부터 부당이득을 취하지 않으며, 공공기관에 종사하는 사람은 편파심과 이기심을 버리고 공익을 위해 공정한 업무를 집행한다는 내용도 포함되었다.

에드워즈는 뜨거운 가슴으로 복음을 가르쳤던 탁월한 설교자요, 타오르는 열정으로 말씀을 선포한 목회자였다. 하지만 에드워즈의 설교를 설교답게 한 것은 그의 영성이었다. 영성의 기둥에 세워진 설교였기에 뜨거운 감동이 있었던 것이다. 영성이 없는 설교는 냉랭하다. 그런 설교는 사람을 변화시키지 못한다. 아무리 기교가 뛰어나도 영성이 뒷받침되지 않는 설교는 영혼을 움직이지 못한다. 에드워즈의 설교는 영성의 뿌리 위에 세워진 튼튼한 나무였다.

~

뉴잉글랜드의 부흥

~

노샘프턴에서 놀라운 부흥이 일어난 뒤, 1739년 가을 영국에서 복음의 불꽃을 지폈던 조지 휘트필드가 뉴잉글랜드를 방문했다. 휘트필드의 집회는 폭발적인 역사를 일으켜, 가는 곳마다 성령의 역사가 생생하게 일어났다. 그렇게 영국을 강타했던 영적 지진의 조짐이 보이더니 1740년 봄부터 뉴잉글랜드에도 완고한 마음의 밭이 갈라지는 역사가 일어났다. 휘트필드의 집회로 인해 곳곳에서 복음의 폭풍이 휘몰아쳤다. 노샘프턴의 영적 부흥의 영향이 시들어갈 무렵 다시 한 번 부흥의 불길이 타오르기 시작한 것이다.

1740년 9월 중순 휘트필드가 보스턴에서 집회할 때 보았던 경이로운 광경을 한 목회자가 이렇게 증언했다.

많은 청중이 크게 감동을 받고 그의 생명력 있는 사역으로 말미암아 각성하였다. 매일 설교하는 동안 사람들이 헤아릴 수 없이 모여들었다. 마을 공유지에서 설교할 때도 엄청난 인원이 참석하였다. 거의 매일 저녁 그의 기도와 권면을 듣기 위해 그가 묵고 있는 가정집까지 인파가 모였다. 어느 노인은 휘트필드의 설교에 감사하여, "다시 살아난 청교도주의"라고 평가했다. 어린 소년 중 한 아이는 휘트필드의 설교를 듣고 그 다음 날 죽으면서 "나는 휘트필드의 하나님께 가고 싶어요!"라고 울부짖었다. 2만 명 정도의 회중에게 고별 설교를 한 뒤에 휘트필드는 10월 13일 노샘프턴으로 가기 위해 보스턴을 떠났다.

그 후 휘트필드는 며칠간 휴식을 취한 뒤 1740년 10월 17일 에드워즈의 초청으로 노샘프턴에서 말씀을 전했다. 그때의 상황에 대해 휘트필드는 일기에 다음과 같은 기록을 남겼다.

빛이 비치자 곧 큰 역사가 일어나기 시작했다. 그리고 수

년 전에 일어났던 하들리에까지 퍼져나갔다. 최근 하나님의 백성들이 첫사랑을 상실하며 무감각한 상태에 있음을 한탄했다. 그럼에도 불구하고 하나님께서 그들의 영혼을 위해 앞서 미리 사역하신 점을 들려주었을 때 마른 장작에 불을 붙이는 것 같았다. … 에드워즈 목사님은 완벽하고 뛰어난 그리스도인이다. 하지만 그는 지금 몸이 연약하다. 나는 뉴잉글랜드 전역에서 그와 같은 사람은 만나보지 못했다.

며칠 뒤 휘트필드는 노샘프턴 교회에서 주일예배를 드리면서 말씀을 전했다. 5년 전에 일어난 놀라운 부흥의 흔적이 남아 있던 역사적인 강단에서 휘트필드가 다시 한 번 부흥의 불씨를 댕겼다. 휘트필드는 그날의 감격을 다음과 같이 표현했다.

오늘 아침에 설교를 했다. 선량한 에드워즈 목사님은 설교 시간 내내 울었다. 사람들도 큰 감동을 받았다. 오후에는 능력이 더 강하게 역사했다. 오! 내 영혼은 기쁨으로 가득했고, 노샘프턴 사람들은 첫사랑을 회복했다. 주님이 그들의 영혼 속에 친히 역사하셨다.

이미 강력한 부흥으로 놀라운 성령의 역사를 일으킨 바 있던 에드워즈가 휘트필드의 말씀을 듣는 시간 내내 울었다는 대목은 주목할 만한 부분이다. 그만큼 에드워즈는 살아 계신 하나님의 말씀에 철저히 매여 있었다. 말씀의 영광 앞에 떨었으며, 매 순간 하나님의 임재 의식 가운데 살았다. 영혼을 깨우쳐주신 성령께 즉각적으로 순종했다. 에드워즈의 아내 사라 역시 휘트필드의 설교를 듣고 크게 감동을 받았다. 그녀는 동생 제임스 피에르폰트에게 보낸 편지에서 집회 때 보았던 성령의 역사를 이렇게 증언했다.

나는 천 명 이상의 사람들이 휘트필드 목사님의 설교를 한 마디라도 놓칠세라 숨죽인 채 귀 기울이는 것을 보았단다. 간혹 소리를 죽여 흐느끼는 소리만 그 적막을 깨뜨

렸을 뿐이었어. 그는 학식 있고 세련된 사람뿐만 아니라 무지한 사람들까지 감동시키는 분이야. … 상점을 하는 우리 교회 교인들은 가게 문을 닫고 일용 노동자들은 연장을 팽개친 채 그의 설교를 들으러 올 정도란다. 은혜를 받지 않고 돌아가는 사람은 거의 없어.

노샘프턴 부흥의 불길이 식어갈 무렵, 하나님께서 위대한 불의 사자들을 통해 다시 일으켜주신 부흥의 불길이 타오르기 시작한 것이다. 이를 두고 페리 밀러는 "조나단 에드워즈는 화약통과 같은 영적 대각성의 도화선에 불을 붙이고, 조지 휘트필드는 그것을 폭발시켰다"는 말을 남겼으니 뉴잉글랜드의 2차 대각성은 하나님의 축복 가운데 이루어진 선물이었던 셈이다.

부흥은 결코 인간의 손에 달려 있지 않다. 그것은 하나님의 전능하신 말씀의 힘에 의해 주어진 축복이다. 영적 각성의 발원지는 말씀이며, 그 조성자는 사람이 아니라 하나님이시다. 비록 귀한 종들을 사용하셔서 복음의 불꽃이 일어나도록 불씨를 댕겼지만 영적 대각성은 언제나 하나님의 절대주권에 의해 이루어진 선물이라는 점을 기억해야 한다. 이를 두고 에드워즈 자신도 명백하게 밝힌 바 있다.

위대하신 하나님께서 이 사역을 수행함에 있어서 하나님의 방법으로 이루신 것을 나는 보았다. 그 때문에 나는 하나님의 영광을 너무나 많이 보았고, 그로 인해 그분의 절대주권과 능력과 모든 풍성하심을 찬양했다.

한편 휘트필드 집회로부터 타오른 불길은 꾸준히 지속되었다. 냉랭해진 가슴이 뜨거워졌고, 영적 구원을 갖는 사람들이 점점 더 늘어갔다. 에드워즈가 증언한 노샘프턴의 상황을 들어보자.

이 일이 있은 후 더욱 많은 사람이 신앙에 관심을 갖기 시작했다. 이들은 대화의 주제를 신앙으로 삼는 진전을 보였다. 신앙적 목적으로 만나고, 설교를 듣고 싶은 마음이 간절해졌다. 부흥은 우선 신앙고백을 한 사람들 가운데서 일어났고, 구원의 상태에 있기를 바라는 사람들 가운데서 주로 발생했다. 그들은 휘트필드가 말씀을 전했을 때 들었던 사람들이었다. … 신앙의 부흥은 점점 더 강하게 일어났다.

이렇게 부흥의 축복이 노샘프턴에서 다시 일어났다. 1741년 에드워즈는 '진노하시는 하나님의 손 안에 있는 죄인들'이란 설교로 노샘프턴 영혼들을 일깨웠다. 그 설교는 미국 교회에 대각성이 일어나는 분기점이 되었다. 에드워즈의 설교를 들은 후 하나님의 영광을 바라보고 감동한 사람들이 녹초가 되어 집에 갈 수 없을 정도가 되었다. 그해 8월과 9월에 수많은 죄인이 죄를 깨닫고 회개하는 역사가 더 많이 일어났다.

특히 주목할 만한 것은 어린이들과 젊은이들에게도 성령의 역사가 강력하게 일어났다는 점이다. 에드워즈는 이를 입증하는 글을 직접 남겼다.

지금까지 노샘프턴에서 어린아이들에게 있었던 역사 가운데서 가장 놀라운 역사를 우리는 보았다. … 모든 연령층 중에서 어린이들이 가장 많은 수를 차지했다. 그런 역사가 더욱더 많은 젊은이 사이에서 전반적으로 나타났다.

그 무렵 휘트필드로 인하여 일어난 부흥에 대해서 길버트 테넌트는 20여 곳이 넘었다고 증언했다. 보스턴을 비롯한 많은 지역교회가 놀랍게 변화되었다. 영적 대각성의 영향으로 뉴잉글랜드 전역에서 교인의 수가 엄청나게 늘어났다.

도시 전체가 강력한 불길에 휩싸이는 곳도 있었고, 어떤 집회에서는 회중들이 흉내조차 낼 수 없는 소리로 부르짖고 외치기도 했다. 말씀을 들은 사람들마다 죄를 토해냈고, 회개가 쏟아졌다. 집회 위에는 하나님의 위엄이 드러났다. 성령께서 거부할 수 없는 능력으로 임재함으로써 회중들은 하나님의 임재 의식으로 충만하게 되었다.

이처럼 진정한 부흥에서만 볼 수 있던 현상들이 여기저

기에서 속출했다. 1741년에 일어난 영적 부흥과 그 현상에 대해서 조나단 파슨스는 다음과 같이 증언했다.

더욱 많은 사람이 그들의 얼굴에 … 영원을 옷 입기 시작 했다. 그들은 사랑과 경배와 놀라움과 기쁨과 감격과 겸 손의 모습이었다. 간단히 말하자면, 내가 볼 때 그것은 하 늘나라의 모습과 같은 것이었다. … 많은 노인은 그토록 주님의 영광이 풍성하며 은혜가 넘치는 것을 본 적이 없 다고 내게 말했다. 노인들은 이전에 없었던 복음의 능력 을 강하게 느꼈고, 자신들을 향한 하나님의 사랑을 그토 록 민감하게 깨달았던 때가 없었다.

특히 1742년 1월 에드워즈의 아내 사라가 경험했던 특 별한 체험은 주목할 만하다. 사라는 에드워즈가 출타한 동 안 부엘이 설교할 때 겪은 자신의 체험을 다음과 같이 증언 했다.

부엘 목사님의 방문으로, 작년 9월 이후 영적 침체가 뚜렷하게 나타나던 노샘프턴 지역은 영적 침체를 벗어나 부흥의 불길에 휩싸이게 되었다. 그의 설교로 심히 놀라운 부흥의 결과들이 나타났다. 많은 사람이 가정에 모여서 부르짖으며 엄청난 감동을 입었다. 그리고 회중 대부분은 하나님의 집에서 돌아갈 줄을 몰랐다. 공중 예배 후에 여러 시간 동안 마을 전체에 밤낮으로 계속하여 큰 소동이 일어난 것 같았다. 사실상 신앙의 위대한 부흥이 일어났던 것이다. … 말씀이 내게 와 마음에 곧은 못처럼 잘 박혔다. 이 말씀은 내 영혼에 큰 기쁨과 감미로움을 일으켰다. 그러나 나 혼자 있을 때는 말씀이 내 영혼에 훨씬 더 큰 능력과 감미로움을 가져다주었다. … 하나님의 임재하심이 너무나 생생하고 눈에 선하여 도무지 아무것도 의식할 수 없었다. 내가 맛본 평화와 행복을 말로는 전혀 표현할 수 없다. … 그날 밤 회개하며 부르짖고 있는 동안에 '보혜사가 임하신다!' 는 말씀이 내가 분명히 의식할 수 있을 정도로 들렸고, 내 영혼은 기쁨으로 충만하였다. 그 순간 내 몸에서 힘이 빠져버렸다. 그리하여 난 마루에 쓰러졌고, 가까이 있던 사람 몇 명이 나를 붙들어주었다.

에드워즈는 자기 아내의 특별한 체험은 성경에 어긋나지 않는다고 주장했다. 아내의 증언들은 성경의 증거들과 다를 바 없다는 것이었다. 이 무렵 에드워즈는 아내에게 임한 성령의 역사를 입증해 보이려는 듯《하나님의 성령의 역사에 나타난 현저한 표징들The Distinguishing Marks of a Work of the Spirit of God》(1741)을 출간했고, 몇 년이 지난 후《신앙감정론》(1746)을 출간했다. 노샘프턴의 부흥에서 시작하여 뉴잉글랜드 전역을 불태운 2차 영적 각성은 1742년 상반기까지 이어지다가 여름 무렵부터 그 열정이 시들해졌다. 그해 겨울까지 특별한 역사가 간헐적으로 있었지만 부흥운동은 그해로 쇠퇴기에 접어들었다.

~

신앙 부흥운동의 주창자

~

에드워즈는 노샘프턴의 부흥을 목격하고 나서 2차 대각성
운동 이후까지 계속해서 하나님의 큰 역사와 성령의 능력
을 맛보았다. 그는 성령께서 주도적으로 일하셨던 부흥의
현장에서 놀라운 은혜를 체험했다. 이를 가리켜서 마틴 로
이드 존스는 "에드워즈가 체험한 사건들 속에는 다른 어떤
청교도보다 성령의 요소가 탁월하게 드러나 있다"고 평가
하면서 에드워즈를 '부흥신학자'로 명명한 적이 있다. 제
임스 패커 역시 에드워즈를 '신앙 부흥운동의 주창자'라고
명명했다.

　　에드워즈의 부흥론은 《놀라운 회심 이야기》, 《구속의
역사A History of the Work of Redemption including a View of
Church History》, 《하나님의 성령의 역사와 뚜렷한 표적들
Distinguishing Marks of a Work of the Spirit of God》, 《1740년

뉴잉글랜드의 신앙 부흥운동에 대한 의견Some thoughts concerning the present revival in New England and the way it ought to be acknowledged and promoted》, 그리고 《신앙감정론》 등에 잘 소개되어 있다. 이 다섯 개의 작품 중에서 《구속의 역사》를 제외하고는 신앙 부흥을 옹호하는 입장에서 쓰였다.

당시 신앙 부흥운동이 광신주의에 불과하다는 비난이 일자, 에드워즈는 하나님의 역사로서의 신앙 부흥에 대해 완벽하게 설명했다. 여기에서 전개한 부흥론은 그 이전에 발표된 어떤 관점들보다 완벽한 부흥신학을 정립하고 있다는 점에서 가치 있는 작품으로 평가받는다. 에드워즈가 주창한 신앙 부흥론의 특징은 다음과 같다.

첫째, 신앙 부흥은 하나님의 비상한 능력이다. 신앙 부흥을 가리켜서 '비상한 능력'이라고 한 이유는 하나님께서 백성들의 상황을 돌연히 반전시키시는 특징 때문이다. 하나님은 성령을 부으심으로 그 백성들을 각성시키신다. 때로는 성령을 부어주심으로 공동체의 상황을 반전시키거나, 사태를 변화시키기도 하신다. 개인뿐만 아니라 집단 위에도 성령이 강력하게 역사하심으로써 각성하게 하신다. 하나님은 종종 그런 과정을 통해서 그리스도인의 경건에 활력을 불러일으키신다. 영적으로 잠자고 있는 교회를 성령의 능력으로 깨우기도 하신다. 열매가 없이 쇠약해 있을 때 성령을 부어주심으로 새롭게 변화시키신다. 그렇게 되는 것이 바로 부흥이다. 따라서 신앙 부흥의 핵심에는 성령의 역사가 있다.

그렇기 때문에 부흥을 가늠하는 잣대는 성령의 열매라할 수 있다. 교회 공동체에 소란이나 소동이 나타났다고 해서 그것이 부흥이라고 말할 수는 없다. 참된 부흥의 기준은 외적인 소동이 아니라 성령의 열매이기 때문이다. 성령의 열매란 하나님께 대한 사랑과 그리스도에 대한 진정한 헌신을 말한다. 말씀 앞에 순종하고 다른 사람에게 유익을 주는 선행 역시 성령의 열매라 할 수 있다. 이런 열매들은 하나님과 의식적인 교제를 통해서만 가능하다.

더욱이 그 열매는 성령의 강력한 영향력 안에 있을 때만

맺어진다. 곧 하나님의 임재를 경험하고, 하나님의 사랑을 확신하는 기쁨 가운데 있을 때 성령의 열매를 맺을 수 있다. 그런 열매들이 신앙 부흥의 증거들이다. 에드워즈의 목회 현장에서 그런 증거가 많았다. 특히 그의 아내의 경험에 대해서 에드워즈는 다음과 같이 소개했다.

상당한 시간 동안 하나님의 완전성과 그리스도의 미덕의 영광을 매우 자주 곰곰이 묵상함으로 인해, 영혼은 빛과 사랑, 말할 수 없이 달콤한 위로와 영혼의 안식과 기쁨 가운데 완전히 압도되고 빨려 들어갔다. 이 큰 기쁨으로 전율을 느꼈다. 즉 하나님의 위대하심과 위엄에 대한 생생한 의식과 인간의 작고 미천함에 대한 생생한 의식이 동반되었다. 그리고 매우 종종, 그토록 거룩하고 선하신 하나님께 범한 죄를 깊이 애통함으로 육체의 힘을 상실했다. … 아내는 하나님과 예수 그리스도를 찬양하며, 이 현세의 삶이 하나님께 드리는 계속된 찬송이 되기를 열망하며 큰 기쁨을 느꼈다. 아내가 표현한 바와 같이 이생을 찬송하며 보내기를 갈망했으며, 찬송하며 영원히 산다고 생각할 때 그 희열은 참을 수 없을 정도였다.

이와 같은 영적 경험에 대해서 에드워즈는 다음과 같이 풍자했다. "만일 이런 일들이 광신이고 두뇌 이상의 소산이라면 나는 나의 두뇌가 이 행복한 이상에 지배되게 할 것이다." 그러한 경험이 전적으로 성령의 역사라는 의미이다. 성령께서 그리스도인의 경건을 회복하기 위하여 비상하게 역사하실 때 외적인 증거 이전에 하나님과의 깊은 교제가 시작된다. 패커는 그런 교제를 가리켜서 "하나님과의 실감 나는 교제"라고 묘사했다. 그런 교제와 함께 외적인 열매로 위와 같은 경험들, 곧 성령의 열매들을 맺게 되는 것이다. 에드워즈 역시 회심 체험을 통해서 성령의 놀라운 역사 곧, 부흥을 체험했다.

둘째, 신앙 부흥은 하나님의 계시된 목적 가운데서 중심적인 위치를 차지한다. 그리스도의 통치 영역을 넓혀 가는 것은 하나님의 창조 목적이다. 그 목적은 그리스도의 구속으로 말미암아 성취되고, 더 나아가서는 성령을 통해 만국을 다스림으로 궁극적으로 완성된다. 따라서 하나님께서 성령을 부어주시는 목적도 모든 대적을 물리치고, 그 나라의 경계를 든든히 하기 위함이다. 곧 신앙 부흥을 통해 그리스도의 지배를 더욱 강력하게 드러내는 것이 성령을 부어주시는 목적인 것이다. 그렇기 때문에 성령의 역사는 하나님의 계시의 목적 중에서 중심적인 위치를 차지한다고 할 수 있다. 이에 대해 에드워즈는 다음과 같이 주장한다.

하나님께서 이러한 본질의 역사(즉 뉴잉글랜드의 신앙 부흥과 같은 역사) 가운데 영광스러운 능력으로 자신을 나타내실 때, 특별히 하나님께서는 성자에게 영광을 주시고 모든 무릎을 그에게 꿇게 하시겠다고 하신 맹세를 성취하고자 결심하신 것같이 보인다. 하나님께서는 영원부터 자신의 사랑하는 독생자를 영화롭게 하실 결심을 마음속에 갖고 계셨다. 그리고 하나님께서 그 목적을 위해 정하신 몇몇 특별한 시기가 있는데 하나님께서는 그 시기 가운데

성자께서 하신 자신의 약속을 성취하기 위해 전능하신 능력으로 나타내신다. 지금은 성령을 놀랍게 부어주심으로 그 나라를 발전시키는 때요, 성령의 능력의 시대이다.

하나님께서는 자기 백성들 가운데 성령을 부어주심으로 경건의 갱신을 주도해나가신다. 에드워즈는 그런 보편적인 역사가 성경의 역사에서 입증되듯이 지금도 지속된다고 주장했다.

인간의 타락부터 우리 시대까지 구속의 역사는 사실상 하나님의 성령의 두드러진 전달에 의해 주로 진행되었다. 비록 어느 정도 하나님의 의식에 수반되는 성령의 부단한 영향이 있었지만, 가장 큰일들이 역사를 통해 성취된 것은 항상 특별한 시기에 비범한 성령의 나타나심이 있었기에 가능한 것이었다.

그런 성령의 역사로 말미암아 세상의 회심을 기대한 것

이 그로 하여금 후천년 사상을 지지하게 한 요인으로 보인다. 더구나 그는 지구촌 곳곳에서 부흥의 역사로 인하여 전례 없는 선교의 공략이 이루어질 것이라고 예견했다. 그렇기 때문에 성도들은 교회의 생명력이 쇠퇴해갈 때 성령께서 부어주시는 부흥을 갈망해야 한다. 선교의 사역이 퇴락할 때도 강력한 부흥을 소망해야 한다.

셋째, 신앙 부흥은 세상에서 일어나는 하나님의 모든 역사 중에 가장 영광스러운 역사이다. 에드워즈는 성령의 강력한 역사로 인하여 경건의 갱신이 일어난 것을 보면서도 무관심한 자들에 대해 심각하게 경고했다. 심지어 영적 부흥에 대해 무관심한 상태에서 다른 문제들에 관심을 기울여야한다는 자들에게도 반성을 촉구했다. 영적으로 어둠 가운데 있던 자들에게 광명을 찾는 일처럼 영광스러운 일이 어디 있겠는가! 죽어가는 심령에 생기를 불러일으키는 일이 얼마나 영광스러운가! 육체를 따라 살던 사람들이 한순간에 거룩한 성령의 지배를 받게 되는 것이 어찌 영광스러운 사역이 아니겠는가! 세상의 풍류에 휘말려 느슨해진 교회 공동체가 활력을 되찾는 것은 영광 중의 영광이다.

신앙 부흥은 하나님 나라의 경계선이 확장되어가는 증거가 된다. 하나님 나라가 온 땅 위에 실현되어가는 표적이기도 하다. 따라서 신앙 부흥은 하나님의 영광이 만방에 선포되는 일이다. 그리스도인은 그런 영광스러운 부흥을 목격하면서 즐거워하며 기뻐해야 한다. 신앙 부흥은 하나님의 능력임과 동시에 그분의 기쁨이기도 하다.

하나님의 능력과 은혜의 영광은 토기의 연약함과 동시에 나타남으로써 더 큰 광채로 돋보인다. 대상의 연약함과 무가치함과 동시에, 자신의 뛰어난 능력과 풍성한 은혜를 나타내시는 것이 하나님의 기쁨이다.

만약 그런 부흥의 현장을 목격하고도 무관심하거나 흥미를 갖지 못한다면 참된 그리스도인이 아니다. 더구나 부흥으로 고조된 영적인 그리스도인들에 대해서 비판하거나 혈기를 부리는 것은 전적으로 사탄의 일이다. 사탄은 영광스러운 부흥을 가로채려고 안간힘을 쓰기도 한다. 특히 부흥을 유발하는 영성을 자극하여 영적 분위기를 가라앉 힌다. 사탄은 부흥으로 뜨거워진 성도들에게 치명타를 가 하여 영적 퇴보를 조장하기도 한다. 영광스러운 부흥을 저 해하는 사탄의 역사는 한시도 틈을 두지 않는다. 사탄의 전 략에 대해서 에드워즈는 다음과 같이 주장한다.

사탄은 더 이상 인간들을 얌전하게 붙들어놓을 수 없다는 것을 발견하면 그들을 무절제와 방종으로 내몬다. 그는 그들을 가능한 한 오랫동안 억누른다. 그러나 더 이상 그 렇게 할 수 없을 때 그들을 내몰아, 가능하면 그들의 두뇌 작용을 뒤집히게 한다.

넷째, 성도들은 신앙 부흥을 갈망하고, 그것을 위해서 '특별한 기도'를 드려야 한다. 신앙 부흥을 위해서 기도해 야 하는 이유는 그것이 하나님 나라를 세워가는 수단이 되 기 때문이다. 특히 신앙 부흥을 위해서는 '특별한 기도'가

절실하게 요청된다. 성경에 의하면, 하나님께서는 큰일을 하실 때 간구하는 심령을 부어주심으로 시작하셨다. 그것이 신앙 부흥을 갈망하는 성도들이 '특별한 기도'를 드려야 하는 강력한 동기이다. 하나님은 기도가 없을 때 일하지 않으신다. 하나님은 일하시기 전에 먼저 기도를 원하신다. 그래서 사람들은 일을 찾지만 하나님은 기도의 사람을 찾으신다. 성도들이 신앙 부흥을 위해 더 많이 기도해야 할 필요성에 대해서 에드워즈는 다음과 같이 말했다.

만일 우리가 성경 전체를 충분히 살펴보고 발견되는 모든 기도의 모범을 관찰한다면 우리는 어떤 자비를 구하는 기도들보다도 교회의 구원과 회복과 번영, 그리고 이 세상에 하나님의 영광과 은혜의 나라의 촉진을 구하는 기도가 많다는 것을 발견할 것이다. … 이는 자비를 구하는 기도를 많이 드리는 것이 하나님 백성의 의무라는 가장 명확한 증거를 주는 것이다.

에드워즈가 특별히 기도의 필요성에 대해 피력한 것도 바로 그런 이유 때문이다. 〈신앙 부흥을 위한 특별 기도에 하나님의 백성이 뚜렷하게 일치하기 위한 겸손한 시도〉라는 긴 제목의 논문에서 그는 '특별한 기도'로 신앙 부흥을 갈망할 것을 촉구했다.

우리말로 《기도합주회》로 번역된 이 논문은 1746년 몇몇 스코틀랜드 목사들이 7년간에 걸쳐 토요일 저녁과 주일 아침, 그리고 매 3개월째의 첫 화요일에 특별한 기도를 요청하는 청원서를 후원하여 쓴 글이다. 이 작품은 에드워즈가 편집한 《데이비드 브레이너드의 생애와 일기》와 더불어 역사상 수많은 그리스도인으로 하여금 신앙 부흥을 위해 기도할 수밖에 없도록 강력한 도전을 주었다. 이 두 책으로 말미암아 세계 선교의 역사가 뒤바뀔 정도였다.

에드워즈는 그 논문에서, 가장 영광스럽고도 긴박한 기도제목은 부흥과 세계복음화라고 주장했다. 그것은 성도가 평상 기도가 아닌 비상 기도로 드려야 할 것을 촉구하는 메시지였다. 영적 각성은 평이하고 한가로운 과제가 아니라 교회가 드려야 할 비상의 기도제목이다. 물론 신앙 부흥과 세계복음화는 하나님의 자유로운 주권에 달려 있다. 그렇기 때문에 우리는 겸손하게 엎드려 기도할 뿐이다. 온 교회가 연합하여 특별한 기도로 구해야 한다. 모든 하나님의 백성에게 가장 긴박하고 절실한 과제는 단 하나이다. 그것은 거룩하신 성령 하나님의 역사로 각 개인의 경건을 회복하고 교회를 새롭게 하시는 부흥의 축복을 달라고 기도하는 것이다.

성경에서, 그리고 역사적으로도 입증된 바 성령의 임재를 갈망하는 개인과 교회에 놀라운 부흥이 일어날 것이다. 에드워즈의 부흥신학에서 빼놓을 수 없는 중요한 요소 중의 하나는 성령이다.

그는 '성령의 기름부음'이란 어휘를 종종 사용했다. 그것은 에드워즈의 부흥신학의 핵심이기도 하다. 부흥은 전적으로 성령의 역사로만 가능하다. 성령의 기름부음 없이 영적 대각성은 있을 수 없다. 부흥은 우리 자신이 아니라 전적으로 성령께 달려 있다. 결론적으로 말하자면, 회심 시

에 체험한 성령의 역사와 그 후에 이어진 깊은 성령 하나님
과의 깊은 교제가 에드워즈의 부흥신학의 뼈대라고 할 수
있다.

5장

고난 중에 함께하신 하나님

Jonathan Edward

분쟁과 추방 사건

노샘프턴의 부흥을 거쳐 뉴잉글랜드 전역에서 일어난 대
각성 운동의 막이 내려질 무렵인 1744년에 에드워즈 목회
에 불길한 변화의 조짐이 나타나기 시작했다. 부임 이후 지
금까지 에드워즈의 경건한 삶은 교인들의 모범이 되었고,
아내인 사라 역시 교인들의 사랑을 받아왔다. 더욱이 세기
적인 부흥을 일으킬 만한 지성과 영성을 겸비한 설교는 온
교인과 뉴잉글랜드 전역의 교회에서 신뢰를 얻기에 충분
했다. 대부분의 당대 사람은 그의 탁월한 저술을 인정했으
며, 누구보다 뛰어난 실력으로 인해 뉴잉글랜드와 유럽 전
역에서도 명성을 얻고 있었다. 그럼에도 불구하고 17년 동
안 평안했던 에드워즈의 목장에 어둠의 그늘이 드리워지
기 시작했다.

　불행한 사건들의 시발점이 된 사건은 1744년 3월에 일

어난 교회 청년들의 불륜 사건이었다. 에드워즈는 청년들 사이에서 조산술에 관한 책 한 권이 돌아다닌다는 것을 보고받았다. 일부 청년들이 그 책에 실린 화보들을 보며 외설을 즐기면서 마을 여자들을 희롱한다는 것도 알게 되었다. 이에 교회는 에드워즈의 제안으로 그 사건을 처리하기 위한 진상조사위원회를 구성했다. 위원회가 조직되어 조사를 진행하는 중에 몇몇 지도급 인사들이 충격을 받았고, 반발하기 시작했다. 조사 대상자들의 명단에 자기 자녀들이 포함된 것을 알았기 때문이었다. 그 사건으로 인하여 온 교회가 혼란에 빠지게 되었다. 그 결과 17년간 쌓아온 교인들과의 신뢰 관계에 금이 가고 말았다.

그 후 2개월 동안 격렬한 소란이 있었다. 그러고 나서 청년 2명이 교회 앞에서 모든 사건의 책임이 자신들에게 있다고 자백했지만 이미 온 교인이 마음에 상처를 받은 뒤였다. 뜻하지 않게 발생한 교인들 간의 불화는 에드워즈의 영적 권위를 약화시키는 계기가 되었다. 교인들 역시 신앙의 기초가 송두리째 흔들리게 되었다. 그 사건 이후부터 성령의 역사가 현저하게 줄어들었고, 세속적인 사고와 비신앙적인 방식이 순식간에 교회 내에 침투해 들어왔다.

그 사건으로 소원해진 교인들과의 관계가 다시 한 번 벌어지게 된 것은 사례비 문제였다. 에드워즈는 몇 년 동안 충분한 사례비를 받지 못했다. 더욱이 당시 통화 가치가 하락되어 가족들을 부양하기가 힘겨워지자 에드워즈는 수년 만에 사례비 인상을 요청했다. 하지만 사례비 인상 요구는 받아들여지지 않았고, 4년 뒤인 1748년에야 반영되었으나 그 과정에서 에드워즈의 도덕성에는 흠집이 생겼고 그에 대한 불신은 더욱 커졌다. 그 후 성찬식에 참여할 수 있는 자격에 대한 신학적인 문제가 발생하자, 에드워즈에게 격렬하게 반대하는 교인들은 담임목사를 추방하려는 움직임을 가시화시켰다.

원래 청교도들은 거듭남의 증거를 갖고 있지 않은 사람들은 성찬식에 참여할 수 없다는 입장을 고수했다. 그러나 에드워즈의 외할아버지 스토더드는 성찬식 참여에 필요한 자격과 시행 방법을 바꾸었다. 그는 거듭남의 증거보다는 수치스러운 생활을 멀리한 사람들은 다 성찬에 참여할 수 있다는 느슨한 입장을 취했다. 당시 그 입장에 대해서 몇몇 교인들과 주변의 많은 교회가 반대 의사를 표했지만 스토더드는 굽히지 않았다. 스토더드의 입장은 뉴잉글랜드 교회에 복음적 교리를 혼란케 하는 결과를 초래했다. 그로 인하여 기독교인들은 명목상의 헌신에 익숙해졌고, 신앙적 열의도 식었다. 노샘프턴 교회 역시 성찬식 참여 자격에 관해서는 전통적인 청교도 입장에서 벗어나게 되었다.

청교도 사상에 철저했던 에드워즈지만 외할아버지 후임으로 부임했을 때 그런 입장에 반대 의사를 밝힐 수 없는 형편이었다. 외할아버지에 대한 존경심뿐만 아니라 아직까지 그것을 반대할 만한 지식이 부족했기 때문이었다. 그러다가 청교도들의 입장을 확고히 공부한 후 1749년에 이르러서 외할아버지의 입장이 잘못되었다는 입장을 밝혔다. 그러자 예상하지 못했던 반대로 소란이 일어났다. 스토더드에 대한 존경심을 갖고 있던 사람들과 영적 상태가 분명하지 못한 사람들이 항의하면서 격렬하게 반발했다. 그들 중에서 에드워즈의 설교에 앙심을 품고 있는 사람들은 호기를 만난 듯 여러 사람을 선동하면서 교회를 어지럽혔다. 심지어 그 일을 빌미로 에드워즈를 면직시킬 기회를 노렸다.

1749년 4월 13일, 노샘프턴 강단을 떠날 것을 제안하는 사람들에게 에드워즈는 다음과 같이 답했다.

상기 본인은 여기 서명하고 다음과 같이 천명하는 바이다. 본인은, 교회가 교인을 받아들이는 것에 대해 언급하고 있는 책을 준비 중인데, 만일 다른 사람들이 그 책의 발간을 기다렸다가 그것을 아주 주의 깊게 읽고 나서, 그들이 인정하는 공회의 충고를 받아들인 후에도, 교회가 나의 사임을 원한다면 나는 목회 사역을 그만두겠다. 또한 다음과 같은 제안이 받아들여진다면, 즉 내 책을 읽거나 그 교리의 변호를 위해 내가 강단에서 한 말을 들은 형제들이 이 사건을 결정할 투표자가 된다면, 그리고 공동체가 나를 모든 비난에서 벗어나게 해주겠다는 것을 보장한다면, 그리고 본인이 이 교회의 목사직을 사임하는 것을 공회에서 승인한다면, 나는 목회 사역을 그만두겠다.

1750년 6월 22일 교회는 에드워즈의 신임을 묻는 투표를 강행했다. 주변의 목회자들과 교회들까지 그 결정에 박수를 보내면서 교인들의 의견에 동의를 표했다. 투표 결과 놀랍게도 230 대 23이라는 압도적인 차이로 에드워즈의 추방이 결정되었으니, 사도시대 이후 가장 강력한 부흥을 주도했던 부흥사요 목회자며 미국 최고의 신학자로 인정받았던 영적 거장의 불행한 결말을 어떻게 이해해야 할까? 이로써 에드워즈는 23년 4개월 동안 사력을 다해 꼴을 먹였던 자신의 양 떼에 의해서 교회를 떠나야 했다.

1750년 7월 1일, 신임투표 후 9일 만에 에드워즈는 자신을 추방했던 반대자들을 향해서 고별 설교를 했다. 고린도후서 1장 14절을 본문으로 설교하면서, 자신은 교인들과 교회를 위해서 밤낮으로 일했으며, 최선을 다해 인생의 최고의 해를 보냈다고 자신 있게 말했다. 교인들이 목회자를 추방할지라도 장차 그리스도의 심판대 앞, 엄위하신 그분 앞에서 목회자와 교인들은 함께 설 것이라고 충고했다. 하나님은 각자가 다른 사람에게 한 일에 대해서 반드시 점검할 것이라고 지적했다. 다투기를 좋아하는 기질은 "하나님의 영을 몰아낼 수 있다"고 경고하기도 했다. 자신의 추방에 결정적인 분쟁 요인이 되었던 성찬을 두고 일어난 다툼은 이것으로 마지막이 되어야 할 것을 당부하면서 설교를 맺었다.

우리 모두 주님의 위대한 날에 있을 우리의 엄숙한 만남을 기억하면서 결코 잊지 맙시다. 반드시 있을 결정의 날 그리고 영원히 변하지 않는 심판의 날을. 아멘.

많은 교인이 설교를 듣고 감동을 받아 양심의 가책을 받았으나 에드워즈는 갈 길을 가야 했다. 한편 교회를 떠날 무렵에 에드워즈가 남겨놓은 글은 후대의 교회들에게 경고의 나팔을 울렸다. 에드워즈는 노샘프턴 교인들의 영적 상태를 다음과 같이 평가했다.

그들이 처음에는 지도를 잘 받았다. … 그들은 예전보다
더욱 귀하게 성장하였으며 부유한 사람들이 되었다. 그리
고 은사와 은혜에 뛰어난 사람들인 만큼 세상에서도 널리
유명한 사람들이 되었다. 그리고 하나님께서 그들 가운데
비상한 방법으로 역사하셨으나 그러한 일들은 도리어 영
적 자만심을 낳고 자극시키는 동기가 되었다. 영적 자만
심은 사람들의 마음속에 마귀가 들어갈 수 있는 대형 통
로가 되었다. 자기 신앙을 고백할 줄 아는 사람들에게 있
어서는 모든 각종 해로운 독의 주입구가 되었다. 영적 자
만심은 괴상한 것이다. … 노샘프턴 사람들은 자기들의
명예와 학식을 의지함으로써 하나님을 심히 화나게 만들
었다. 결과적으로 그 소식을 듣게 된 각처의 모든 하나님
의 백성에게 경고가 되었다.

그 불행한 사건에 대해서 에드워즈는 충격을 받았지만,

한편으로는 담담하게 그것을 하나님의 섭리로 받아들였다. 그는 스코틀랜드에 있는 친구에게 다음과 같은 편지를 남겼다.

사랑하는 친구여, 나랑 노샘프턴 사람들 사이에서 일어난 일 때문에 자네가 충격을 받고 놀랐다고 했지. 그건 아무 것도 아니라네. 가까이 살고 있으면서 그 사건의 배경과 그 사건에 앞서 진행되고 꾸며진 여러 가지 일들을 잘 알고 있는 사람들에게 그 충격은 말할 수 없을 정도야. … 난 의심치 않네. 하나님께서 이 사건을 통해 결국 자신의 영광을, 시온의 안녕과 번영을, 신앙에 관한 관심의 발전을 이룩하기 위해 계획하신 것임을 믿네. 하나님께서 나의 선임자들보다 나를 더 겸손하게 만드셔야 할 이유를 알고 계셨을 거라고 믿는다네. … 나는 느끼고 있네. 그 사건은 나에 대한 하늘의 무서운 책망뿐 아니라 그 사람들에 대한 책망이라는 것을 깨닫게 해주셨다네. 하나님은 다 아실 거네. 내 마음의 죄악을, 그리고 노샘프턴에서 목회하는 과정 속에서 내가 저질렀던 부족과 실수들을…. 노샘 프턴에서 그런 일까지 벌어졌던 것은, 내 판단과 경험 부족, 그리고 내 연소함 때문이었네….

하나님의 영광을 위해서 평생 사력을 다했던 영적 거장 답게 자신의 실패를 통해서도 그분의 영광이 찬란하게 드러나기를 갈망하고 있으니 실로 그는 거장 중의 거장이었다. 그 불행한 사건을, 자신을 더 겸손하게 만드시려는 하나님의 섭리로 받아들였던 숭고한 신앙도 길이 본받을 만하다.

하나님이 주시는 평안 속으로

에드워즈는 인간적으로 한없는 비애를 느끼면서 노샘프턴 교회 문을 나섰다. 그 순간부터 가정에 몰아닥친 재정적인 어려움은 말로 다할 수 없는 시련이었다. 노샘프턴의 반대자들은 악소문을 퍼뜨려서 에드워즈의 도덕과 윤리에 치명타를 가했고, 더 이상 사역을 이어갈 수 없도록 갖은 전략을 폈다.

그 결과 에드워즈는 더 이상 다른 교회로 청빙을 받을 수 없을 것처럼 절망에 이르기도 했다. 교회를 떠난 직후 7월 초에 친구 존 에어스틴에게 보낸 편지를 보면 그의 심정이 어떠했는지 알 수 있다.

나는 지금, 말하자면 넓은 바다에 던져졌다네. 그리고 나
와 내가 부양해야 할 가족에게 무슨 일이 일어날지 모른

다네. 또 미래에 무슨 유익한 일을 할 수 있을지 모르니 지
금 당장 무엇을 해야 할지 모르겠네.

교인들에 대한 배신감, 불확실한 미래, 그리고 11명의
자녀들을 부양해야 할 가장의 책임 등으로 고통스러운 나
날을 보내면서도 신앙적인 확신은 흔들리지 않았다. 자신
의 미래가 하나님의 손에 달려 있음을 믿으면서 가혹하게
자신을 내쫓은 교인들을 축복했다. 그 후 그는 몇 개월 동
안 사역지 없이 고통스러운 나날을 보냈다.

노샘프턴 교회도 목회자 없이 힘겨운 날들을 보냈다. 그
런 중에 흥미로운 기록은, 교회에서 설교 후임자가 청빙될
동안 에드워즈에게 강단을 맡아달라고 요청했다는 점이
다. 교회 측은 12차례나 집요하게 요청했지만 에드워즈의
극렬한 반대자들은 그것을 거부했다. 결국 교회에서는 11
월에 이르러 다시 투표를 했고, 에드워즈가 강단에 서는 것
보다는 차라리 설교자가 없는 것이 낫겠다고 결정했다.

그로부터 1개월 뒤 에드워즈는 인디언들이 사는 스톡브

리지에서 청빙을 받았다. 다음 해 1월 눈내리는 어느 날, 에드워즈는 그곳 상황을 파악하기 위해서 스톡브리지로 떠났다. 2개월간의 방문 기간을 거쳐 약 200여 명의 인디언들이 사는 마을을 확인했다. 에드워즈는 브레이너드처럼 인디언 선교사로 사역할 수 있을 것이라고 생각했다. 하지만 그곳에는 가족들이 기거할 사택이 없었고, 사택을 지을 만한 재정적인 형편도 안 되었다. 게다가 인디언 말을 할 수 없는 것이 장애물이었다. 그런 어려운 여건들을 확인한 후 3월에 노샘프턴에 돌아와서 부인과 상의한 후 하나님의 인도하심을 구했다.

그러는 사이에 몇 개월 동안 런던의 친구들이 재정적으로 후원했고, 친구 몇 사람이 노샘프턴에 위치한 어느 교회의 담임목사로 에드워즈를 추천했다. 에드워즈는 그 추천을 거절했지만 반대자들은 교회를 분열시키려 한다는 헛소문으로 비난을 일삼았다.

에드워즈는 노샘프턴을 떠나는 길이 최선의 길이라 생각하고 7월에 스톡브리지로 떠나 1751년 8월에 목회자로

부임했다. 그 후 스톡브리지에서 6년을 보내는 동안 에드워즈는 생애에서 가장 위대한 걸작품들과 몇 편의 논문들을 씀으로써 결과적으로 모든 것을 합력하여 선을 이루시는 하나님의 뜻을 이루었다.

마치 존 번연이 설교자의 자격을 박탈당한 채 12년 동안 감옥에 있으면서 불후의 명작을 썼던 것처럼, 에드워즈 역시 집필에 몰두함으로써 고독한 순간들을 아름답게 승화시켜나갔다.

그 무렵에 쓴 기념비적인 대작은 1754년 발행한《자유의지의 주요한 개념들에 대한 조심스럽고 면밀한 연구A Careful and strict Inquiry into the Prevailing Notions of the Freedom of Will》이다. 이 저작을 가리켜 스코틀랜드의 찰머스 박사는 "자유의지에 관한 그의 논문보다 더 열렬히 추천할 수 있는 인간의 저작서가 없다"고 할 정도로 극찬했다. 논문으로는 1754년부터 1755년 사이에 〈하나님이 세상을 창조하신 목적에 관한 논설〉과 〈진정한 미덕의 본질에 관한 논설〉 등 2편을 썼다.

그러는 사이에 1757년 프린스턴 대학교의 총장이었던 아론 버Aron Burr가 41살의 나이에 세상을 떠났다. 그는 에드워즈의 사위였고, 젊은 시기에 총장으로서 대학을 번창시켰던 위업으로 유명세를 타고 있었다. 유망한 학자이자 행정가였던 젊은 총장이 죽은 후, 이사회에서는 에드워즈를 후임으로 결정했다.

하지만 또다시 프린스턴으로 이사하는 것은 재정적인 압박이 가중될 것이고, 자신의 자격도 의심했기 때문에 장문의 편지를 써서 이사회의 결정을 사양했다. 더욱이 그는 꼭 이루고 싶었던 저술이 남아 있다고 생각했는데, 최종적인 판단을 위해서 동료 목사들에게 도움을 구했다. 에드워즈는 가족들을 봄에 데려가기로 하고 1월에 혼자 프린스턴으로 갔다. 1개월 후 1758년 2월 16일, 그는 프린스턴 대학교 총장에 취임했다.

그 무렵 에드워즈는 생애의 마지막 저서였던 《원죄에 관한 위대한 기독교 교리 방어The Great Christian Doctrine of Original Sin Defended》를 출판했다. 이 저작은 100년 전 미국의 전기 작가들이 "이 주제에 관한 저작들 중에서도 표준 작품이요, 인간 부패에 대한 가장 뛰어난 변증서"라고 평가할 정도로 탁월한 작품이었다. 그는 취임 일주일 뒤 천연두 예방주사를 맞았다. 처음 며칠은 아무렇지도 않았지만 얼마 후 천연두에 걸려 일어나지 못했다. 며칠 사이에 건강이 급속하게 악화되어서 물도 넘길 수 없게 되었고, 심한 열 때문에 죽음과 싸워야 했다. 죽음의 고통 가운데서도 스톡브리지에 머물던 아내에게 마지막 말을 전했다.

내 아내에게 전해주시오. 오랫동안 우리 사이에 있었던 신비한 연합은 내가 믿은 대로 영적인 성질의 것이었으므로 영원히 계속될 것이오.

갑자기 몰아닥친 질병이 에드워즈의 생명을 앗아가는 직접적인 요인이 되었다. 하지만 위대한 영적 거장의 죽음에는 여러 면에서 복합적인 요인이 있었다. 노샘프턴 교회로부터 받았던 정신적인 고통, 스톡브리지에서 받았던 재정적인 압박, 그리고 부인의 돌봄도 없이 사력을 다했던 연구생활 등이 건강을 치명적으로 해쳤던 것이 죽음의 요인이었던 것이다. 1758년 3월 22일, 에드워즈는 친구들이 지켜보는 앞에서 희미한 의식 중에 겨우 "하나님을 신뢰하세요. 그러면 두려움이 없을 것입니다"라는 한마디를 되뇌이며 최후의 숨을 거뒀다.

생애 연보

1703	10월 5일 미국 코네티컷 주에서 태어나다.
1716	13살의 나이로 예일 대학교에 입학하다.
1720	예일 대학교 최우수 학생으로 졸업하다.
1721	성경을 읽는 중에 회심을 경험하다.
1720~1724	예일 대학교에서 신학을 공부하다.
1722~1723	뉴욕 시의 어느 장로교회에서 임시 목사로 섬기다. 결심문을 작성하다.
1723	예일 대학교에서 신학석사 학위를 받다.
1723~1724	코네티컷 주 볼턴의 작은 시골교회에서 목회하다.
1724~1726	예일 대학교에서 강사로 일하다.
1727	노샘프턴 교회의 부목사로 목사 안수를 받다. 사라 피에르폰트와 결혼하다.
1729	외조부 스토더드의 뒤를 이어 노샘프턴 교회의 담임목사로 사역하다.
1734~1735	노샘프턴에서 대각성 운동이 일어나다.
1736	노샘프턴 대각성 보고서를 완성하다.

1737	노샘프턴 대각성 보고서인 《놀라운 회심 이야기》 를 출간하다.
1740~1742	조지 휘트필드가 뉴잉글랜드 지역을 순회하며 2차 대각성 운동이 일어나다.
1746	《신앙감정론》을 출간하다.
1747	에드워즈의 집에서 선교사 데이비드 브레이너드가 숨을 거두다.
	《기도합주회》를 출간하다.
1749	《데이비드 브레이너드 생애와 일기》를 출간하다.
1750	노샘프턴 교회의 목사직에서 물러나다.
1751	스톡브리지의 지역 교회 목사 겸 인디언 선교사로 청빙받다.
1758	프린스턴 대학교 총장으로 취임하다.
	하나님의 부르심을 받다.

참고문헌

• Iain H. Murray, *Jonahan Edwards: A New Biography*, Edinbrugh: The Banner of Truth Trust, 1987.

• 송삼용, 《영성의 거장들》, 기독신문사, 2002.

• 데이비드 보건, 김은홍 역, 《세기를 불사른 영적 거인 조나단 에드워즈》, 기독신문사, 2004.

• 스테펜 J. 니콜라스, 채천석 역, 《조나단 에드워즈의 생애와 사상》, 기독교문서선교회, 2005.

• 양낙흥, 《조나단 에드워즈 생애와 사상》, 부흥과개혁사, 2003.

• 정부흥, 《조나단 에드워즈의 생애》, 기독교문서선교회, 1996.

• 조지 M. 마즈던, 한동수 역, 《조나단 에즈워즈 평전》, 부흥과개혁사, 2006.

• 조나단 에드워즈, 백금산 역, 《조나단 에드워즈처럼 살 수는 없을까?》, 부흥과개혁사, 1999.

• 조나단 에드워즈, 정성욱·황혁기 역, 《기도합주회》, 부흥과개혁사, 2000.

• 랄프 턴벌, '설교자 조나단 에드워즈', 《그 말씀》, 1997, 4월호.

• 조나단 에드워즈, 정부흥 역, 《놀라운 회심 이야기》, 기독교문서
  선교회, 1997.

• 조나단 에드워즈, 김창영 역, 《영적 감정을 분별하라》, 생명의말
  씀사, 2001.

기독교 역사를 바꾼 영적 거장의 생애를 읽는다!

설교, 목회, 신학, 기도, 선교, 영성 각 분야에서 하나님께 쓰임받은 신앙 위인들의 삶을 차례로 조명해 본다. 생애에 드러난 감동적인 이야기와 구속사적 역사관에 근거한 내용 전개로 독자들에게 영적 도전을 줄 것이다. 평신도와 신학생, 목회자에 이르기까지 누구나 쉽게 읽을 수 있다.